仏教と日本人

仏《ほとけ》と冠婚葬祭

玄侑宗久
Sokyu Genyu

一条真也
Shinya Ichijyo

現代書林

まえがき　作家という僧侶

かつてわたしは、「開かれたお寺」を謳い、さまざまなイヴェントを行なう僧侶だった。目指すお寺像は、室町時代後期あたりのイメージだろうか。主に武士が相手とはいえ、そこは学校であり、劇場や美術館であり、今でいえばホールやコミュニティセンターも兼ねた場所だった。

ところがどうしても小説が書きたくなり、芥川賞を頂くことになると、イヴェント活動までは手が回らなくなった。むろん僧侶と作家は二足の草鞋《わらじ》ではなく「一足の重い草鞋」と自認し、物書きと僧侶であることは今でもわたしの両脚である。「引導」の文章には作品同様の熱を込めるし、一方では何をしていようと此の地に生きる僧侶に違いない。わたしが毎日口にする食べ物は、およそ八割方が檀家さんからの戴きものなのだ。

つまりはどちらも本気なのだが、対談となると大抵は作家として呼ばれる。今回のお相手、一条真也さんも当初は作家として認識した方である。しかしその後、特に東日本大震災以後だろうか、わたしの場合、僧侶ゆえに招かれる機会も多くなり、自分のなかでも二者はいよいよ一体化していった。一条さんも冠婚葬祭互助会の経営者としては佐久間庸和という本名を名乗り、多くの本を出しているが、どうも最近、この二つの名前の使い分けが判然としなくなってきた。『葬式不滅』という本が一条真也名義で出たとき、それまでの自分の勝手な思い込みに愕然とした。

おそらく、これも勝手な推測だが、ご自身のなかでも二つの名前は融合しつつあるのではないだろうか。

思えば一条さんと初めてお会いしたのは、鎌田東二さんに招かれた会だったが、それ以後もたとえば『唯葬論』では葬儀を芸術と見る見方に励まされ、また『葬式不滅』では共に「おくりびと」である自覚を促された。ある意味、われわれ僧侶が言うべきことをいつも先鋭に肩代わりしてくださったのが一条さんだったのだろう。あらためて感謝したい。

この本では、経営者としての彼や株式会社サンレーの先駆的な活動がつぶさに紹介される。聞けばそれは、私がイヴェント僧侶として目指した活動にも大きく重なっている。目指したのと実績では「月とスッポン」だが、月といえば「月への送魂」という一条さんのアイディアもじつに面白い。

日常接する葬祭業者もいろいろだが、最近はシステム化、簡略化の流れが激しく、不満や怒りを感じることもある。まだわたしの住む田舎では流れもゆるやかだが、都市部の情勢には驚かされる。その辺のことも、あるいはそれに抗するハートフルな活動についても、一条さんの話に聴き入ってみてほしい。

共に死に向き合い、グリーフケアに勤しむ日常であるから、対話は当然具体的になる。しかし共に作家でもあるせいか、話はあらぬほうへもどんどん拡がっていく。この本が、死や葬祭文化、そして仏教や生の充実を考える契機になれば嬉しい。

玄侑宗久

もくじ

第2章　仏教をめぐる物語

第3章　仏教と月

第4章　仏教と葬儀

第1章

「いのち」の周辺

多死社会を生きる

一条　玄侑先生に初めてお会いしたのは二〇〇六年。クリスマス・イブでした。

玄侑　二〇年近く前ですね。
　鎌田東二先生が主催されている「自由大学」の講演会ですね。

一条　そうです。その鎌田先生とは神道というテーマで対談させていただき、『古事記と冠婚葬祭』という本にまとめました。さらに儒教をテーマに加地伸行先生との対談が、『論語と冠婚葬祭』という本になりました。本書はこれらと同様、「日本人と宗教」をテーマにした対談集の一冊として考えております。
　今回、玄侑先生をお迎えして、いよいよ「仏教」についてです。

玄侑　責任重大ですね。恐悦至極です。

一条　災害をはじめ、戦争など、死が日常化した今、あらためて死について考える時代だということを実感しています。戦争にせよ、世界が密につながっているこの時代に、日々、多くの誰かの「死」が日常化されて共有されることは、理屈を超えた衝撃ですね。

玄侑 ある意味で、「一寸先は闇」という言葉を実感する現代社会において、あらためて「死」そのものを考察することは、「より良く生きる」ためにとても大切なことではないでしょうか？

一条 「メメント・モリ」という言葉があります。「死を忘れるな」ということでしょうが、わたしは常日頃、死は不幸ではないと言い続けています。

「不幸」の反対は「幸福」です。物心ついたときから、わたしは人間の「幸福」というものに強い関心がありました。学生のときには、いわゆる幸福論のたぐいを読みあさりました。本のタイトルや内容に少しでも「幸福」の文字を見つければ、どんな本でもむさぼるように読みました。そして、わたしは、こう考えました。

政治、経済、法律、道徳、哲学、芸術、宗教、教育、医学、自然科学……人類が産み、育んできた営みはたくさんある。では、そういった偉大な営みが何のために存在するのかというと、その目的は「人間を幸福にするため」という一点に集約される。さらには、その人間の幸福について考えて、考えて、考え抜いた結果、その根底には「死」というものが厳然として在ることを思い知りました。

玄侑　死と幸福ですか、どちらも切実なテーマですね。

一条　はい。そこで、わたしが、どうしても気になったことがありました。それは、日本では、人が亡くなったときに「不幸があった」と人々が言うことでした。

わたしたちは、みな、必ず死にます。死なない人間はいません。いわば、わたしたちは「死」を未来として生きているわけです。その未来が「不幸」であるということは、必ず敗北が待っている負け戦に出ていくようなものです。

わたしたちの人生とは、最初から負け戦なのか。どんな素晴らしい生き方をしても、どんなに幸福感を感じながら生きても、最後には不幸になるのか。誰かのかけがえのない愛する人は、不幸なまま、その人の目の前から消えてしまったのか。亡くなった人は「負け組」で、生き残った人たちは「勝ち組」なのか。

玄侑　勝ち負け……。

一条　わたしは、そんな馬鹿な話はないと思いました。わたしは、「死」を「不幸」

とは絶対に呼びたくありません。なぜなら、そう呼んだ瞬間、将来わたしは必ず不幸になるからです。
死は決して不幸な出来事ではありません。愛する人が亡くなったことにも意味があり、遺されたことにも意味があるのだと確信しています。そして、人が亡くなっても「不幸があった」と言わなくなるような葬儀の実現を目指しています。

玄侑　素晴らしい職業意識だと思いますが、まぁおそらく「不幸」や「ご不幸」という言い方はなくならないでしょうね。あれは本人にとってというより、家族や友人にとっての「不幸」と考えれば、さほどおかしくはないし、本人にとっても、きっと心残りがあるだろうという周囲の心情も理解できます。だからこそ葬儀が大切になる、とも言えますよね。

一条　確かに葬儀はご遺族、遺された方々のものでもありますね。

玄侑　ブッダが涅槃《ねはん》に入る、という場合もそうですが、泣いている弟子はまだ悟っていない、などと「涅槃図」では解説されます。
『荘子』でも老子の死に際し、大勢の人々が泣いているから、まだまだ老子は出来てない、指導が足りなかったというようなことが語られますが、やはり人間には「情」というものがありますから、この世での別れは悲しいものでしょう。

孔子が一番弟子の顔回《がんかい》に死なれたときも、悲しみの作法を忘れて立ったまま身を震わせます。「慟哭」の「慟」ですよね。本当は「哭《こく》」すべきなのに。やはり人が人情を絶するのは相当難しいですし、わたしはそれでいいような気がします。対談の出端をくじくようで申し訳ないですが……。

一条　とんでもありません。

大量死との遭遇

玄侑　ところでコロナ以前、最も直近に日本人に「死」をつきつけた災害は、わたしもごく身近に体験した東日本大震災だと思います。

一条　二〇一一年三月一一日は、日本人にとって決して忘れることのできない日になりました。三陸沖の海底で起こった巨大な地震は、信じられないほどの高さの大津波を引き起こし、東北から関東にかけての太平洋岸の海沿いの街や村々に壊滅的な被害をもたらしました。その被害は、福島の第一原子力発電所の事故を引き起こし、現在進行形の大災害はいまだに続いています。

玄侑　コロナのパンデミックとはかなり違う印象です。あの震災では、関係者以外は津波の映像を視《み》てもなかなか大量死を実感できず、なかには映像に釣り合う死の悲しみが実感できないため、倫理的な苦しみで身心不調を起こす人々もいました。大量死の実感というのは、なかなか持てないものなのかもしれないですね。

一条　大量死の実感を現代人は持てないでしょうね。

玄侑　日本の報道では、ご遺体や泣き顔を映さないという自主規制がはたらいていましたから、その影響も大きいのでしょうね。

一条　わたしたち冠婚葬祭業者も、棺の手配など、微力ながら協力させていただきました。ご遺体が見つからない、ご遺族の方々が亡骸《なきがら》のないままの棺にすがられる姿を見るのはつらかったです。

玄侑　大量死の光景は、『古事記』に描かれた「黄泉の国《よみのくに》」がこの世に現出したようでもあり、また仏教でいう「末法」やキリスト教でいう「終末」のイメージそのものでした。大津波の発生後、しばらくは大量のご遺体は発見されませんでした。いま現在も、多くの行方不明者がおられます。火葬場も壊れて通常の葬儀を挙げることができず、現地では土葬も行なわれました。さらには、海の近くにあった墓も津波の濁流に流されました。

一条　葬儀ができない、ご遺体がない、墓がない、遺品がない、そして、気持ちのやり場がない……まさに「ない、ない」尽くしの状況は、この災害のダメージがいかに甚大で、辛うじて助かった被災者の方々の心にも大きなダメージが残されたことを示していました。

玄侑　現地では毎日、「人間の尊厳」というものが問われました。亡くなられた犠牲者の尊厳と、生き残った被災者の尊厳がともに問われ続けていたと思います。

一条　この国に残る記録のうえでは、これまでマグニチュード九を超す地震は存在しないそうですね。地震と津波にそなえて作られていたさまざまな設備施設の想定を遥かに上回り、日本に未曾有の損害をもたらしました。じつに、日本列島そのものが歪んで二メートル半も東に押しやられたそうです。それほど巨大な力が、いったい何のためにふるわれ、多くの人命を奪い、町を壊滅させたのでしょうか。あの地震、津波、原発事故にはどのような意味があったのでしょうか。そして、愛する人を亡くし、生き残った人は、これからどう生きるべきなのか。そんなことを考えました。

死との向き合い方

玄侑　そのような震災に対し、コロナは些《いささ》か趣が違いますね。誰もが「いつ自分に降りかかってもおかしくない」ものとして、死や感染そのものまで恐れていました。いわば「死」が、わたしのすぐ傍にあるものとして意識されていたのだと思います。

一条　そのとおりですね。死を自分事に感じたと思います。

昔の日本人は「死」をどのように捉《とら》えてきたのでしょうか。

玄侑　それは大きな質問ですね。まず寿命が今とは全然違います。たとえば幕末でも平均寿命は四〇歳程度ですから、諦念の持ち方がかなり違うと思います。ただ、一概には言えませんが、どの時代でもその人の人柄や人生に見合った穏やかな死であれば、なにも問題はなかったと思います。

しかしあんなに素晴らしい人だったのに、どうしてこれほど不遇な晩年を送り、非業の死を遂げたのか、となりますと、納得できない人々の意識や無意識が集合して「怨霊《おんりょう》」を生みだします。これは主に平安時代くらいの思考ですが、案外わたしたちの底流にも居坐っている考え方だと思います。その原因は、本人の怨みとは限らない、ということですね。

一条　本人の怨みではなく、怨霊ですか。

玄侑　怨霊とか地獄や極楽と聞けば、非合理なものと思う方も多いですが、むしろこれは人間の合理性が作りだしたわけです。死は、その人の人生や行動に釣り合うものであってほしい。しかしあまりにも釣り合わないと思えるときは、死後世界も含めて帳尻を合わせるしかない、ということになるのでしょうね。つまり合理性がそれを欲したわけです。

一条　なるほど。死者の「無念」や「心残り」もあるでしょうね。どう折り合っていけばいいのでしょうか？

玄侑　これは檀家の水引職人のお通夜での話です。年齢も八五歳でしたし、死因は心筋梗塞でした。長患いも介護も不要だったという意味では望ましい死でもあるんです。そこでわたしはお通夜のとき、柩の蓋に筆文字でこんな句を書きました。

「あれよとて　散るぞ目出度き　桜かな」

家族が亡くなってすぐに「目出度い」と思うのはまず無理ですが、時が経ってからそんなイメージを持ち直してほしいという、わたしの切なる願いですね。

実を申しますと、翌日の葬儀での一喝の前の香語では「高砂や」を唱えました。亡くなったご本人が何度も結婚式に招かれ、祝謡として謡った旅立ちの歌です。

お通夜や葬儀には、そういうふうに故人や家族の思いを慰撫《いぶ》し、心残りを流し去る効果もあると、わたしは信じています。特に「無念」は放置できませんね。平安時代のように、疫病も含めたあらゆる天災がそのせいとは考えないでしょうが、「無念」は今でも思いがけない不調を人の心に及ぼすものだと思います。

一条　通夜や葬儀の意味が、そこには確かにありますね。

玄侑　多くの人にとって、「死」には「無念」や「心残り」が絡むわけですが、それは死や死後へのビジョンにも関係しています。

たとえば阿弥陀さまに抱き取られるとか、神さまの許に行くんだと思えれば、安心してこちらでの生を閉じられるんじゃないでしょうか。宗教が与えてくれる死後世界のビジョンは、臨終の安心に大きく寄与していると思います。

また、宗教抜きでの道行きは、孤独な旅です。禅は宗教のようでいながら死後のビジョンは与えてくれず、「わからない」まま進むしかないんですが、その意味では孤独を愉しめる境涯が求められているのかもしれませんね。死は老若にかかわらず突然訪れるという認識が、今より遥かに高かったことが理解できます。

今の日本は、乳幼児の死亡率が世界一低いのですが、たとえば徳川家第八代将軍吉宗の頃（在職一七一六〜四五年）など、人口統計に七歳未満の子どもは数えていませんん。子どもは神の子だから人の数に入れない、などとも言いますが、要はいつ死ぬかわからない存在だったわけです。

一条　「七五三」の儀式に込められてますね。子どもはまだ神の子であり、人間界にはいなかったわけです。日本には古来、「七歳までは神の内」という言葉や、七歳までに死んだ子どもには正式な葬式を出さず仮葬をして家のなかに子供墓を作り、その家の子どもとして生まれ変わりを願うといった習俗がありました。つまり、子どもというものはまだ霊魂が安定せず「この世」と「あの世」の狭間にたゆたうような存在であると考えられていたのですね。

　七五三はそうした不安定な存在の子どもが次第に社会の一員として受け入れられていくための大切な通過儀礼です。一般に三歳の男女児と五歳の男児、七歳の女児を対象に、これまでの無事の感謝とさらなる成長を祈願して氏神に参詣する儀礼ですが、その時代や地方によって年齢と性別の組み合わせはさまざまで、二歳や九歳で同様の儀礼を行なうところもありますね。

玄侑　一説によると、三歳で女の子が初めて帯締めするわけですが、数え三歳ですから覚えていない。それで念のため七歳にもするようになった、などという話もありますね。

一条　なるほど。それは面白いですね。

玄侑　いずれにせよ、七歳までに亡くなるようなことがあれば、われわれも位牌には「夭」とか「折」などと書きます。

その関所を越えれば、一応人生が始まるわけですが、数えで五十を越せばまぁ寿命だと考えようということで、卒業の「卒」と書きます。その中間は、めったにはありませんが、やはり年に何人かいらっしゃって、何と書くかわからず困っています。

変貌する死生観

一条　日本人の死生観については、どのようにお考えですか。

玄侑　これまた大きな質問ですね。現代医学は、たとえば白血球の寿命が二四時間程度しかないことを明らかにしました。昨日と同じ白血球の細胞が明日も生きていることはないわけです。他の細胞も、一説では「一呼吸の間」に約一〇〇〇個生まれ、同じく一〇〇〇個の細胞が死んでいくとも言われていますが、次々に生まれては滅しながらそれぞれの寿命を終え、全体としては奇跡的な恒常性（ホメオパシー）を保っています。まさに『方丈記』の冒頭、「行く川の流れは絶えずして、しかも元の水にあらず」です。生物学者の福岡伸一先生の「動的平衡」つまりホメオスターシスですね。

後付けと思われるかもしれませんが、仏教は、瞬間瞬間の生滅変化の連続こそ「生」なのだと、はっきり認識していたと思います。「刹那滅《せつなめつ》」という言葉がありますが、無常に生滅変化するのが「生」であり、「生滅」による変化そのものが滅してしまうのが「死」ですよね。

一条　明快にして卓見ですね。

玄侑　また人が亡くなることをわれわれの経本では「大夢俄《だいむにわ》かに遷《うつ》る」と言いますが、人生全体が「夢」として思い返されるということは、死が「目覚め」かもしれないという認識ではないでしょうか。

一条　『荘子』の「胡蝶の夢」ですか？

玄侑　荘子は「老いは楽しみ」だし「死は休息」だとも述べていますが、生まれることも死ぬことも受容すべき一連なりの変化と捉えています。終わりのない変化をインドの人々は「輪廻《りんね》」と捉え、お釈迦さまも抜け出すべき苦しみと考えたようですが、荘子は違います。どう転んでも、それは新たな目覚めであるし、楽しむべき展開なのです。

平安時代にできた「いろは歌」では、「浅き夢見じ」と死を夢からの目覚めとみる考え方が提示されますが、この時代に即して考えれば、生きることを勝負に準《なぞら》え、死を「負け」と考える人々に大いなる慰めを与えた歌だったと思います。少なくとも死者が怨霊になるイメージからは懸け離れています。

やがて時代は鎌倉時代に移り、勝負が避けられない世の中になっていきますが、平安後期にはまだ道教的な考え方が強かった。それが幸いしてこのような「無為」や「渾沌」へ向かう歌ができたのだと思います。「無為」も「渾沌」も命の源ですから、われわれは死んで命の源に還る、と考えたのでしょう。「有為の奥山」を超えたら、そこは「無為自然」の世界ですよね。

「いのち」の存在

一条 「いのち」の存在は、不滅なのでしょうか？

玄侑 お釈迦さまは「無記《むき》」といって答えなかった質問ですが、わたしには黙って坐っている自信などありませんので、思いついたことを申し上げます。

物理学者ニールス・ボーアが粒子と波の二重性から「相補性」という概念を定立し、それを教育や心理学などあらゆる分野で用いてほしいと勧めています。

ボーアは東洋哲学、とりわけブッダや老子、あるいは『易経《えききょう》』に深く傾倒していました。粒子と波というのは、そういえば仏教の「色（ルーパ）」と「空（シューニャ）」にそっくりなんですね。

「色即是空」という言葉をご存じの方も多いと思います。

インドでは「存在の存在」めいた「自我の本質」として「アートマン」（我）を想定しました。

仏教でも一部の学派はこれを〝不変の本質〟と考えたのですが、ブッダ自身は「単独で不変の自性」を認めず、「無我説」を唱えました。単純化すれば「関係性のなかで変化しつづける状態」が「空」、ヒトの感覚器と脳で捉えられたその変化の一部が「色」ですね。

もしも「存在」の在り方のこうした相補性を前提に捉えれば、「死」は粒子から波への移り際と考えることもできるかもしれませんね。

一条　粒子から波ですか。

玄侑　「色から空」でもあるし、「有為から無為」とも言えます。愛する人の死は、どう考えようと悲嘆に暮れるものだとは思いますが、そういう考え方があると知っているだけで、その後の思いの深まり方が違うのではないでしょうか。

一条　なるほど。『般若心経』には、「色即是空　空即是色」とあります。「色即是空　空即是色」は、この世にあるすべてのものは因と縁によって存在しており、その本質は空であることを示しているように思います。そして、その空がそのまま、この世に存在するすべてのものの姿であるということも示しているように思います。「空」というコンセプトは、ブッダ自らが示した考え方だとされているようですね。

玄侑　大乗とか上座部とかを超えた仏教の根幹となる思想と言ってよいでしょう。「空」とは、「からっぽ」とか「無」ということではなく、平たく言えば、「無自性」という意味です。この「空」の論理こそは仏教の最重要論理とされていますね。

一条　いっぽうの「色」はどうでしょうか。

玄侑　これは、「目に見えるもの」をブッダ流に表現した言葉でしょう。色がついていれば、どんなモノでも見えます。でも、空気は色がないので見えません。もともとブッダは見える世界を「色」と呼び、見えない世界を「空」と呼んだのではないでしょうか。

一条　見える世界と見えない世界というのは、じつは同じなのではないでしょうか。なぜなら、見える世界は見えない世界によってできているからです。原子などは、その最も良い例ですね。この世界は、見えない原子によって成り立っているのですから。これはなかなか抽象的で難しい考えなので、ブッダは色のある見える世界を「色」と表現し、色のない見えない世界を「空」と表現したのでしょう。今さらながらに卓越した表現センスであると思います。

玄侑　一つだけ訂正しておきたいのですが、「色（ルーパ）」という表現はべつにブッダの発案ではありません。古代インドのウパニシャッド哲学でも使われた言葉で、当初はカラーというより、むしろ容姿とか美貌の意味で使われます。それがやがて物質全般を指すようになり、ブッダは現象として感知できるもの全般に使ったようです。

また見えない原子を「空」の例として挙げられましたが、見えなくとも物質としての要素を求めた古代ギリシャの哲学者・デモクリトスのアトム（原子）は、結局は「色」です。「空」の考え方が西洋で初めて出てくるのは、やはりニールス・ボーアの「波と粒子」の「波」なのだと思いますよ。

一条　わたしは、「色」に加えて、見えない世界を目に見せてくれるもう一つのシキがあると思っています。

「色」は「シキ」と読みますが、それは「式」、つまり儀式のこと、さらには冠婚葬祭のことでもあるのではないでしょうか。

わたしは、冠婚葬祭とは、目に見えない「縁」と「絆」を可視化するものなのだと考えています。

「目に見えぬ　縁と絆を　目に見せる　素晴らしきかな　冠婚葬祭」

わたしはこの道歌を詠みました。本当に心の底からそう思います。

玄侑　面白いですね。たしかに「式」は、「色」と「空」を往来できる時間かもしれませんね。

中道の意味すること

玄侑　ブッダの「中道」という考え方があります。その話をしてもいいでしょうか。

一条　はい。

玄侑　本当は双方の対立を超えた地点にしか真理はない、というのが「中道」の見方です。だから双方から距離をとる。換言すれば、双方の対立を包み込んでしまうような地点に立つ。それが「中道」です。

一条　儒教の「中庸」も少々似てはいますね。そこには「包み込む」という側面はないといいます。「中道」の出典として有名なものは、釈迦の最初の説法、いわゆる初転法輪での「快楽でも苦行でも悟りをひらくことはできない」というものです。これをもって「中道」とは「両極端はよくないよ。何でもほどほどにだよ」という理解が通説化していますね。

一方の「中庸」ですが、『論語』に「中庸の徳たるや、それ至れるかな」とあります。これがアリストテレスの「メソテース」の和訳に使われてしまい、孔子とアリストテレスの共通項である「極端を避ける」という側面のみが過分に表に出ている印象があります。

ただ、中庸とメソテースは、どちらの場合も、理論的知性の対象ではなく、実践的知性の領域に属する「賢さ」として挙げられている点は注目すべきです。ですから「中庸」において、聖人でも獲得が容易ではないが、一般人でも獲得できるとされているように、「メソテース」でもこれが習性的徳のあり方として挙げられているわけです。つまり、行為に即して適切な「ちょうどいい」をチョイスする能力ということになります。なかなか難しいことですが……。わたしたちの頭はどうしても善悪、美醜など、二元論的に働きます。一見その両者はどちらかが正しいように思えますが……。

玄侑　ブッダは快楽生活も苦行生活も共に体験したうえで、どちらでもないと思ったわけです。チョイスする前提として両極端を体験する、あるいはそれを見据える必要がある。その辺が「中庸」との違いかもしれませんね。そしてチョイスする基準は、瞑想によって培った直観、ということになります。

たとえば死後には何もないという「断見《だんけん》」も、死んでも永遠不滅の何かがある、という「常見《じょうけん》」も、ブッダは両極端として否定しました。どちらでもない、ということはどういうことなのか？　それはじっくり瞑想を深めて体験するしかないのかもしれないですね。

瞑想とマインドフルネス

一条　坐禅も含んで、禅宗における瞑想についてお聞きしたいのですが。

玄侑　一番簡単な瞑想は読経です。暗記しているものを口から再生する、読経はそんな行為ですが、その最中に言葉による思考はできません。映像は浮かびますが、とにかく言葉で考えはじめたらお経はすぐに間違う。ひたすら暗記した経文に居着かずにタッチ&リリースを繰り返す。それが読経の本質で、立派に瞑想状態になります。

一条　考えたら間違うんですね。

玄侑　瞑想のなかでも「ヴィパッサナー」と言われる方法は、変化し続けるものに意識を置き続けるのが基本になります。お経は自ら変化し続けるものを口から発しながら、それに居着かない訓練です。

一条　六〇年代のヒッピー文化の影響から始まったマインドフルネスにもつながってきますよね。

マインドフルネスは、一九七九年にジョン・カバットジンによりマサチューセッツ大学医学部にストレス低減プログラムとして創始された瞑想とヨーガを基本とした治療法で、慢性疼痛、心身症、摂食障害、不安障害、感情障害などが対象となります。ジョン・カバットジンは鈴木大拙の禅に影響を受け、仏教を宗教としてではなく人間の悩みを解決するための精神科学として捉え、医療に取り入れました。その基本的考えは、煩悩からの解脱と静謐な心を求める坐禅に軌を一にしています。

玄侑　そうですね。最近ではアメリカのアンドリュー・ニューバーグが『神経神学』（貝谷久宣訳、北大路書房）という面白い本を書いています。いわば大拙先生の仰る「霊性」に、脳神経の作用から迫るわけです。

一条　マインドフルネスの語義は〝注意を集中する〟ですね。一瞬一瞬の呼吸や体感に意識を集中し、〝ただ存在すること〟を実践し、〝今に生きる〟ことのトレーニングを実践します。これにより自己受容、的確な判断、およびセルフコントロールが可能となるといいます。マインドフルネスは認知行動療法に取り入れられ脚光を浴びるようになりました。しかしながら、認知行動療法は認知の変容を目指すのに対して、マインドフルネスは認知のとらわれからの解放を誘導しますよね。

マインドフルネスは一九七〇年代よりアメリカを中心に科学的・医学的な研究が進み、効果が最も実証されている瞑想の一つであり、ストレスや不安を取り除き、心を休め、生産力が上がるということが実証されています。海外の企業ではグーグル、アップル、ゴールドマンサックスや日本の企業でもヤフー、メルカリをはじめとした多くの企業で取り入れられています。社員のメンタルヘルス対策として、モチベーション、集中力、創造性、記憶力、生産性などの向上や改善のために、人材フォローの一環として行なわれています。

四〇年前からの取り組み

一条　マインドフルネスは、現在、世界的キーワードとなっている「ウェルビーイング」の主要なファクターになっています。ところで、わが社では四〇年前からウェルビーイングに取り組んできました。

玄侑　ほう、それはまた早いですね。

一条　ウェルビーイングの定義は、「健康とは、たんに病気や虚弱でないというだけでなく、身体的にも精神的にも社会的にも良好な状態」というものです。そして今までは、身体的健康のみが独り歩きしてきた――そんな印象でした。じつは、わが社は約四〇年前から「ウェルビーイング」を経営理念に取り入れており、一九八六年の創立二〇周年には「Being! ウェルビーイング」というバッジを社員全員が付け、社内報の名前も「Well Being」でした。わたしの父で、わが社の先代社長である佐久間進（サンレーグループ創業者、二〇二四年九月二〇日死去）の先見の明に驚いています。まだ誰も注目していない四〇年近く前に、自社の経営理念として、またこれからの社会理念として「ウェルビーイング」を掲げていたわけですからね。

玄侑　父上はどういう方だったんですか？

一条　國學院大學で日本民俗学を学び、その後はＹＭＣＡホテル専門学校でサービスの実務を学んだのち、「冠婚葬祭」や「ホスピタリティ」に強い興味を抱き、これを自身のライフワークにすると決めた後に「心身医学の父」と呼ばれた九州大学名誉教授の池見酉次郎先生との出会いから、「ウェルビーイング」という人間の理想にめぐり合ったそうです。

わたしも当時はサンレー社長であった父から、「ウェルビーイング」の考え方を学んできましたし、その実現方法についても語り合ってきました。

結果、わたしの一連の著作のキーワードにもなった「ハートフル」が生まれ、わたしなりに経営および人生のコンセプトにしてきました。「ハートフル」のルーツは、まさに「ウェルビーイング」だったわけです。

玄侑　まさに先見の明ですね。「ウェルビーイング」はむろん大切な視点ですが、それ以前に「ドゥーイング」から「ビーイング」への視点の転換が、今こそ必要だと思います。

マインドフルネスなどの瞑想がその契機になるのでしょうが、その原型はすでに『天台小止観』などでほぼ言い尽くされています。ただ宗教色を抜いたマインドフルネスの登場で、誰もが気軽に「ビーイング」に触れる機会を持てるようになった。

それは喜ばしいことです。

輪廻転生は救いか苦しみか

一条　仏教においては輪廻転生という考えが重要ですよね。

玄侑　「輪廻転生」はブッダが唱えたわけではなく、むしろバラモン教やヒンドゥー教にも共通するインド古来の考え方です。次の生がある――というのは救いでもあるかもしれませんが、苦しみでもあります。特に古代インドの場合は、次はどんな動物に生まれ変わるかわからないわけですから、そのことへの怯えを利用して道徳的な教化に用いた、という側面もありました。立派に暮らしていれば来世ではもっと恵まれるということです。

チベット仏教では、ダライ・ラマが前のダライ・ラマの「生まれ変わり」だとしていますが、こうしたことが本当に起こるのかどうかは、「わからない」としか申し上げようがありません。ここでは「わからない」というのが中道だとも思います。

一条　生まれ変わりは、古くから人類のあいだに広く存在した考え方ですよね。世界には、輪廻転生を認める宗教がたくさんあります。玄侑先生に対して「釈迦に説法」だとは思いますが、ちょっと古今東西の輪廻転生思想をお話しします。

先ほどのご指摘のとおり、ヒンドゥー教や仏教といった東洋の宗教が輪廻転生を教義の柱にしていることはよく知られていますが、イスラム教の神秘主義であるスーフィーの伝統でも、詩や踊りの中で輪廻転生が美しく表現されています。

ユダヤ教では、何千年も前から柱の一つとして、輪廻転生を肯定する「ギルガル」という考え方がありました。ユダヤの神秘思想である「カバラ」も輪廻転生に多く言及しています。約二世紀前に、近代化をはかった東欧のユダヤ人によってこの考え方は捨てられましたが、今でも、一部の人々の間では輪廻転生の思想は生きています。

そして、キリスト教は輪廻転生を否定していると思われています。もちろん、現在はそうです。しかし、過去は違いました。キリスト教も初期の頃は輪廻転生を認めていたのです。もともと『新約聖書』には輪廻転生の記述がありました。それが、四世紀、コンスタンティヌス帝がキリスト教をローマの国教としたときに削除したのです。六世紀には、コンスタンティノープルの宗教会議において、公式に輪廻転生は異端であると宣言されました。いずれも輪廻転生という考え方が帝国やキリスト教会の安定を脅かすと思われたからです。前世や来世があるという考えでは、救済されるまでに時間がかかりすぎます。一回きりの最後の審判というおどしによって、信者に正しい行動をさせる必要を感じたのです。それでも、輪廻転生を信じるキリスト教徒もいました。イタリアと南フランスにいたカタリ派の人々です。しかし、彼らは異端として虐殺されました。一三世紀のことです。

日本でも、生まれ変わりは信じられてきました。江戸時代の国学者である平田篤胤《ひらたあつたね》は、「生まれ変わり少年」として評判だった勝五郎のことを研究しました。文化・文政年間に武蔵国多摩郡で実際に起きた事件ですが、勝五郎という名の八歳の百姓のせがれが「われは生まれる前は、程窪村の久兵衛という人の子で藤蔵といったのだ」と言い出しました。仰天した祖母が程窪村へ連れていくと、ある家の前まで来て、

「この家だ」と言って駆け込みました。また向かいの煙草屋の屋根を指さして、「前には、あの屋根はなかった。あの木もなかった」などと言いましたが、すべてそのとおりでした。これが日本で最も有名な生まれ変わり事件です。

西洋の歴史をみると、ピタゴラス、プラトン、ミルトン、スピノザ、ゲーテ、ビクトル・ユーゴー、ホイットマン、イプセン、メーテルリンクといった人々は、みな輪廻転生を肯定する再生論者でした。

アメリカでは、催眠状態で難病や奇病の治療方法を告げ、その人の前世を知らせる超能力者エドガー・ケーシーが現れました。しかし、輪廻転生を科学的に研究し、世界にその名を知られたのが、アメリカのヴァージニア大学心理学部教授イアン・スティーヴンソンです。世界的ベストセラーとなった彼の著書『前世を記憶する20人の子供』には、驚くべきエピソードがずらりと並んでいます。

玄侑　歴史を幅広く概観してくださり、ありがとうございました。

輪廻転生の考え方自体は仏教も否定はしませんでした。

ブッダが体験した解脱も、基本的には輪廻からの解脱ですよね。つまりそうした一部の人々が断ち切れるだけで、大部分は輪廻するということです。実際、達磨《だるま》の著作とされる『二入四行論《ににゅうしぎょうろん》』で、達磨は四つの行の筆頭に「報怨行《ほうおんぎょう》」を挙げましたが、そこではどんな現実も「宿業」と受けとめて、誰も怨まぬようにと説かれます。つまり自分が災難に遭ったとき、それは自身の前世での悪業が原因だと思って納得し、納得できなくとも受け容れよということですね。「宿業」という言葉は明らかに輪廻の思想が前提になっています。ある意味で、輪廻があるかないか、ではなく、なぜ必要だったのか、という視点も大事だと思いますね。つまり、どんな現実も穏やかに受け容れるために必要だったのかもしれない。

しかし仏教とセットで中国に伝わったこの考え方は、中国人を大いに困らせました。つまり、先祖が犬や豚だったなどという話ですから、先祖崇拝の国である中国で認められるはずがなかったのです。

『梵網経《ぼんもうきょう》』など大乗戒を扱った経典では、肉食を禁じるための論拠として輪廻を用いたりしました。つまりその牛は先祖の生まれ変わりかもしれないのだから、食べるなということです。

喧々諤々《けんけんがくがく》の大議論の末、結局中国から朝鮮半島を経て日本に伝わってきた仏教は、輪廻と切り離されていました。日本では、あまり輪廻転生のことを言わないのはそういうわけなんです。仏教も受け容れられたその国のお国柄でだいぶ変化していきます。

一条　そうした歴史的背景があるわけですね。

玄侑　瞑想によってブッダが捉えたのが「無我」ですが、これもおそらく当時瞑想をしていた修行者たちに一定程度共通した認識だろうと思います。そしてそのとき、いわば「変化しつづける全体性」のなかに溶け込むような、輪廻としか思えない情景も感じたのではないでしょうか。そういう体験を瞑想によって得るのだと思います。

ちなみにブッダは、「戒《かい》・定《じょう》・慧《え》」という三つの徳目をとても重視しましたが、戒によって制限され、その制限のなかで横溢していくエネルギーをすべて禅定（深い瞑想）に振り向けるよう勧めました。そこに般若の智慧が開ける、世界の本当の姿が現れる、というのがブッダのセオリーです。

ブッダは、瞑想が深まれば死も体験できると説いていますから、きっと「いろは歌」の一節の「有為の奥山」を越えることも瞑想によって可能でしょうし、輪廻を実感することも可能なのではないでしょうか。

死の重さ

一条　人が死ぬ瞬間にはその質量が減るという話もあります。アメリカでは『21グラム』（二〇〇三年）という映画も作られました。もし質量が本当に減るのだとしたらそれは「魂の重さ」ではないかとも騒がれましたが……。

玄侑　アインシュタインの示したエネルギー不滅の法則 $E=mc^2$（E＝エネルギー、m＝質量、c＝光速）から、減った分の質量がどこかにエネルギーとして現れてくるはずなんです。わたしが友人と夢中になって計算したのもそれです。もしかすると、人が死ぬ瞬間に不思議な現象が起こったり、「虫の知らせ」と言われることが起こるのも、そのエネルギーのせいではないか。使い切れなかったエネルギーの総体こそ「アミターバ」なのではないか。そんな思いで書いたのが、わたしの『アミターバ　無量光明』（新潮文庫）という小説だったわけです。

一条　『アミターバ　無量光明』を読んだときは、本当に驚きました。臨死体験が小説になるなんて……。

玄侑　登場人物のひとり、慈雲さんが「お母さん」と呼ぶ女性が物語の主人公ですが、彼女は八〇歳を前にして肝内胆管ガンで入院します。その闘病、死、そして死後の様子を、本人の語りで綴るという物語です。死後の様子を綴るということは、すなわち死者が語っている。

一条　もはや臨死を超えた「死後体験」が生き生きと描写されています。自身の葬儀の場面なども故人が詳しく観察し、報告しており、これはもう前代未聞ではないでしょうか。それも、「闘病」「死ぬ瞬間」「死後の世界」といったように区切って書かれているわけではありませんよね。主人公の意識は変化を遂げつつも、あくまで一人の人間としての思いや考えや体験がそのまま連続して語られていく。

病と治療の痛みに耐えて過ごす時間があるかと思えば、亡くなった夫が病室にやってきたり、娘婿の僧侶と来世について語り合ったりします。また、天使のような少女が現れたり、死を迎えて光となって残された者たちの間を舞ったり……すべてが連続している。

これは、意識が次第に変容していくという「変性意識（アルタード・ステーツ）」を扱った小説としても第一級の作品であると思います。特に、主人公の病が進行するにつれて、時間の感覚が揺らいでいく場面が見事です。過去と現在、夢と現実が交錯する様子をこれほどさらりと書いてしまう玄侑先生の筆力にも脱帽ですが、主人公が「意識がない」状態でありながら痛みの表情を顔ににじませる場面などをはじめ、実際に死に逝く人を目前にしたことのある人なら、思い当たるところが多いのではないかと思います。

玄侑　ありがとうございます。この本は、愛知県などいくつかの看護学校の教科書として使われていて、ありがたい限りです。わたしは時間というものが最も解けにくい煩悩だと考えていて、あの物語の終盤は時間という最後の煩悩から解放されていく描写なのです。

沖縄に残る死生観

玄侑　ところで死に対する共同幻想としての物語では、原型的な物語は風土に大きく関係しているということが指摘されます。たとえば沖縄では海の彼方に「ニライカナイ」という場所が想定され、人はそこから来てそこへ帰るのだと信じられました。神の住まいもそこで、神は定期的にやってきては此の世に豊穣をもたらしてくれます。

一方、海から遠い地域のほとんどでは、人の死後の行く先は「山の向こう」に想定されました。「有為の奥山」を越えて行く、というのは、その観点からも納得できたわけです。日本で一番多い山の名前をご存じですか?

一条　知りません。何ですか?

玄侑　ハヤマです。文字は葉山、羽山、端山、早山、麓山、といろいろですが、要するに各地の山がその土地と異界との端境だと考えられたわけです。

一条　ハヤマですか？　たしかにわたしの地元周辺でも、北九州市や宗像《むなかた》市に地名が散見されますね。また沖縄ということですが、わたしの経営する冠婚葬祭事業も同地で展開しています。沖縄の地にも独特の死生観がありますね。

玄侑　はい。この国の死生観の古層が沖縄にはあると思います。

一条　日本の死生観のルーツが沖縄にあると、わたしも思います。

玄侑　近代になり、日本民俗学の創始者である柳田國男が全国を調査した結果、ほとんどの地域で信じられている死後のイメージは、まずはホトケになり、一定期間を過ごしたあとは「祖霊神」というカミの集団に入るというものでした。そこから春は農業神になって降りてきたり、子どもが生まれるときは産土《うぶすな》の神として降りてきたり、また年末には歳徳神になってやってきて門松に降り立ちます。

つまり、ヒトがホトケになり、やがてカミになってこの世に出入りし、またヒトが生まれるわけですから、循環しているんです。沖縄よりはやや複雑な形で自然の循環を取り込んだ考え方だと思います。

一条　成仏であり、輪廻転生である。

玄侑　ええ。ヒトが死ぬと、どこかへ往くのか、それとも帰るのか、という視点で考えると、日本人はどうも「帰る」ほうに安心感を抱いているような気がします。浄土や天国は、知らない場所ですから不安ですが、ニライカナイや大自然は生まれる前に居たところと解釈できますから、「回帰」する安心感があるのではないでしょうか。

一条　回帰といわれると安心感が生まれるということですか。

玄侑　わたしは位牌の一番上に「新帰元」と書きます。これは「新たに元に帰る」ということ。元というのは「元気」、つまり宇宙根源のエネルギーのことです。

一条　たしかに帰る意識が強いですね。わたしは、一九九一年に『リゾートの思想』（河出書房新社）という本を書いたのですが、リゾートの語源がフランス語で「何度も帰る場所」という点に注目しました。「何度も帰る場所」といえば、「霊界」を連想しました。人は生まれ変わりを繰り返し、霊界と地上を行き来すると考えたのです。

玄侑　なるほど。「新帰元」とは、わたしたちは「元気」から元気を分与されて生きてきたけれど、いかんせん器の寿命がきたので此の世での生を終え、元気は元気の本体に帰っていくという意味です。ただ本当は、こうした「物語（＝杖）」なしで進むのが一番強いのかもしれませんよね。「人はただ生まれ、しばらく生きて、死んでいく」、虫や動物たちと同じように、それだけのことだと思いつつ、彼らのように真摯に生きられるのだとしたら、凄いことじゃないですか。しかしたぶん人間は、そうはできない因業な生き物なのでしょう。

死をこれほど意識する生き物は人間以外他にいませんよね。ただ人間は、大切な人を失ったときに、その同じ因業さで救われたりもします。「物語」が本当に有効なのは、そんなときなのだと思います。悲しみから癒えるために人は「物語」を必要とするのでしょう。

一条　まさにグリーフケアですね。この思想が拙著『ロマンティック・デス　死をおそれない』（オリーブの木）の帯に玄侑先生が寄せてくださった、「日本人の古層に宿った物語が、いま佐久間さんによって新たに甦った。これは現代人の安らかな死を支える、ゆるぎない物語である」との推薦文につながるのですね。

玄侑　そういうことですね。

第2章
仏教をめぐる物語

経典は「物語」である

一条　玄侑先生は、仏教を理解するために生まれた「物語」が経典になったとご著書に書かれていますね。

玄侑　はい。なかには短い論文のようなお経もありますが、長いお経は大抵「物語」です。仏教用語で断滅論を指す「断見《だんけん》」は、死後の物語が生まれにくい考え方ですが、逆に変わらぬ個我を想定する「常見《じょうけん》」のほうも、永遠不滅では物語としての魅力に欠けるような気がしますね。

一条　もしかすると、そのどちらでもない「中道」とは、最も豊かに物語を育むものですか。

玄侑　そうですね。大乗仏教の中心テーマは人々の救済ですから、当然さまざまな物語が多くの経典として生まれてきます。しかも登場人物の多くは菩薩や如来たちですから、天衣無縫というか、ほとんど超能力としか思えないような場面もたくさんありますね。経典があまりに多く現れ、整合性も必ずしもとれていない。そこでは何が正しいかという見方ではなく、自分に合った物語を探すという観点が重要になってきます。

一条　自分に合った物語を探す……。仏教はこれという聖典があるわけではなく、メニューが豊富にある？

玄侑　そういうことです。たとえば『法華経《ほけきょう》』では地面から金色の菩薩が湧き出ますし、『華厳経《けごんきょう》』ではウルトラマンかと思うほどのスペシウム光線が体験できます。もう円谷プロの特撮並みなんです。

一条　円谷プロの特撮ですか。ワクワクしてきます！（笑）

玄侑　しかもそんな経典が無数にあるわけですから、普通の人々が全部読んで自分に合ったものを探すなんて不可能です。そこでトータルに大乗仏典を学ぶ比叡山の学生たちのなかから、一部を切り取って人々に示そうという革新的な考え方が生まれてきます。仏教としては奇形だけれど、人々を救済するには何よりキャッチーじゃなくてはいけない、ということですね。

救済を求めた仏教

玄侑　さまざまな宗派に分かれ、庶民の救済を求めた「鎌倉仏教」では、スポットライトのなかに阿弥陀仏が登場します。阿弥陀仏というのは、「アミターユス（無量寿）」または「アミターバ（無量光明）」が語源とされています。つまり阿弥陀仏に抱き摂られるというのは、無量の光のなかに入っていく、そして無量の命を得るということでしょう。

一条　前に触れた玄侑先生がお書きになった『アミターバ　無量光明』を二〇〇三年に単行本で刊行されたときに読みましたが、大きな感動を覚えました。慈雲さんという僧侶が登場しますが、以下のように語りますよね。要約で恐縮です。

人が死ぬ瞬間に何かがエネルギーに変わるとすれば、膨大なエネルギーが放出される。たとえば熱エネルギーに換算すると、「一〇の一四乗ジュール」になるらしい。それが、死後の世界の謎を解く鍵ではないだろうかと、慈雲さんは言います。極楽浄土というのは、なにか人間には計り知れない存在の意志や思いが実現している場所らしい。

もしも、一グラムの物体が消えて熱エネルギーに変わったとすると、二三万八〇〇〇トン以上の水が瞬時に沸騰する熱量になる。それは、ふつうの二五メートルプールの五二九杯分が瞬時に沸騰する熱量である。それを電気エネルギーに換算すると、三八五八世帯が一年間に使うだけの電気が発生する。運動エネルギーに換算すると、富士山を一七ミリ持ち上げられる。９・11に崩壊したＮＹのツイン・タワーなら両方いっぺんに八〇キロ上空まで飛ばせるエネルギーです。

玄侑　ああ、たしかにそういうことを書きました。

一条　光エネルギーになった場合、一八日間も東京ドームを太陽光を受けたのと同じ明るさにしておくことができる。これは、ちょうど広島に落ちた原爆とほぼ同じエネルギーである。さらに毎日の食事で摂るエネルギーに換算すると、日本人の二万九〇〇〇人余りを一年間賄うことができる。……このような驚くべき話を慈雲さんは主人公の前で展開しますね。

玄侑　はい。

一条　今なら一日の食費が七〇〇円で済むとすれば、じつに七四億円分のエネルギーを供給することになるんですよ。

玄侑　『アミターバ』をご愛読いただき、ありがとうございます。こうした計算は、わたしの中学時代からの友達で早稲田大学の理工学部で形態記憶合金を研究していた男と一緒に計算したんですよ。

さてこうした阿弥陀さんのパワーが、先ほどの「いろは歌」に続いて平安末期から鎌倉時代の民衆の間に一気に広まっていくわけです。よく「燎原《りょうげん》の火のように」と言われますが、本当に凄い勢いで広まったようですね。

じつは「いろは歌」の「有為の奥山」を越える、という言い方には、すでに浄土教の考え方が示唆されています。「山越えの阿弥陀」ですね。

一条　うーん、仏教の力を感じますね。

玄侑　他にも鎌倉時代には臨済宗、曹洞宗など、中国仏教である禅が伝えられ、最後に登場した日蓮は「念仏」ならぬ「お題目」を唱えるという、世界でも唯一の方法論を提案します。

臨済宗、曹洞宗はむろん坐禅によって「禅定《ぜんじょう》」に至ろうとするわけですが、これはけっこう難しいんですね。脚も痛いし（笑）。

ところが法華太鼓を打ちながら「南無妙法蓮華経」とお経のタイトルを唱えるという方法は、じつに速やかに禅定に入れます。

無理やりまとめてしまいますが、結局どの宗派も「戒」は気にせず、ともかく「定」を深めて智慧（般若）に至ろうとしたのでしょう。それぞれの「行」に専念すれば自ずと「戒」も守られるという考え方です。そして死にゆくときには無量の光に包まれる。これは非常に救済力のある物語ではないですか。

じつはわれわれの臨済宗でも、あるいは曹洞宗でも、最終的には「南無阿弥陀仏」と唱えています。ただやっぱり気恥ずかしいのか、臨済宗などはわざと中国音で「ナムオミトーフー」などと唱えているんです。

一条　そんな理由からですか。

玄侑　まぁインドの音のまま詠む「陀羅尼」は他にもたくさんありますけどね。チベット仏教でも、人は死ぬと純粋な光になる、などと言いますよね。これは非常に多くの人々を救い得る物語ではないでしょうか。チベット仏教はアメリカのターミナルケアの現場でも宗教色を抜いて使われています。

わたしが普段しているお葬式も、やはり故人のために物語を探したり創ったりする仕事ですし、時には教義にこだわらず、必要なら道教や神道、外国の絵本の物語やキリスト教だって動員したことがあります。

一条　世に数知れないさまざまな宗教を、人が充足した生を生きるための、あるいは安らかな死を迎えるための、豊かな物語群と捉えておられるのですね。

玄侑　はい。向き不向きは感じますが、あまりどれが正しいか、とは考えません。亡くなった人自身が信じていた物語が一番ですが、それがわからなければ「お知らせ」に来てくださった方からなんでも訊きだし、自分なりに故人のための物語を創りあげないと「引導」なんて渡せないんですよ。

一条　「光」と「死」の関係を考えるとき、やはり先ほど紹介させていただいたご著書の『アミターバ　無量光明』を思い出します。

玄侑　光の象徴である阿弥陀仏が、今や光そのものを想わせなくなってしまいました。現代人は、浄土にああいう仏さまがいて、そのお膝元で楽しく暮らせる、と言っても信じませんが、「阿弥陀仏＝光明」に戻してしまえば、むしろ現代の物語として通じるのではないかと思いました。

エリザベス・キューブラー＝ロスは、約二〇〇人の死にゆく人々にインタビューして『死ぬ瞬間　死とその過程について』（中公文庫）を書きましたが、そのなかで、人が死ぬ直前の静かな状況を「デカセクシス（Decathexis）」と呼んでいます。世間という住み慣れた空間や時間から離れた状況で、ある意味では通常の時空から「解脱《げだつ》」していると言ってもいい。まさに、「有為の奥山」――苦しみや悩みの人生を乗り越えた状態ですね。

自殺について

玄侑　じつは持参した物があります。引導香語です。

一条　葬儀のときに読み上げる言葉ですね。

玄侑　香語は、お葬式などで、導師が香を拈《ねん》じた際、唱える言葉、法語、拈香法語《ねんこうほうご》のことです。亡くなられた方を、仏の世界に導くために大変重要なものです。九〇歳を超えて亡くなった方、長患いで亡くなった女性など、ケースはそれぞれです。自殺された高校生もいます。

一条　こんなていねいな文章を寄せられているんですね。

玄侑　「ほしい」といわれるご遺族の方にはお渡ししています。

一条　それは喜ばれるでしょうね。

玄侑　何度も読み返される方もおられるわけで、書くのも時間がかかります。特に自殺された方に送る言葉は難しくて……。

資料を覗き込む二人

一条　ここに書かれている言葉ですね。

「しばらく先に行きて次の生を待つ。この度の体験を糧に心の安寧を習得すべし」

玄侑先生は、自殺の問題については、いかがお考えですか？

玄侑　親しい檀家さんのなかにも、自殺をしてしまう人は一定数います。そんなとき、わたしがまず思うのは、単純な「物語」は放棄しよう、ということです。

「物語」というのは、なんとなく「わかった」と思うための器ですから、原因も含め「わかった」と思うことは、死者への越権行為のような気がするんです。

福島県の霊山《りょうぜん》に「霊山こどもの村」という

施設があります。そこにボタン一つでガラスケースのなかに竜巻が起こる装置があるんです。とても面白いと思ったのですが、そのケースのなかの竜巻は、四つの風を別な角度から合流させて起こすんですね。二つでも三つでも難しいようですが、四種類の風が絶妙なバランスで合流すると発生するんです。

わたしは、自殺というのはこの竜巻のようなものだと思っています。そしてたまたま合流した四つの風すべてを知ることができない以上、自殺を簡単な「物語」で解釈するのはやめておこうと思います。理由はわかりませんし、安易にわかった気になるのは、やはり死者への冒瀆につながります。しかしご遺族の心を考えるとき、はたして何を言うべきなのか、苦悩します。

一条　貴重なものをご持参いただき、ありがとうございます。非常にわかりやすい喩《たと》えですね。

玄侑　ここで大切なのは、体を殺そうとした「わたし」は普段のわたしではないということだと思います。鬱とか心身症のことも多いですし、さまざまな要因で竜巻が起こっているのかもしれない。そう思いながら、なんとか自殺者の葬儀も行なっています。

一条　自殺者の葬儀は、わたしたち葬儀に携わる者も辛いです。

玄侑　「物語」という観点で言うと、自殺が起こるのは、現実の変化に対応するための「物語」の再構成ができなかったということではないかと推測しています。
ちなみに、カトリックは基本的に自殺を禁じています。神さまの被造物が自殺するなんて、これほど傲慢なことはありません。何より神への冒瀆です。
ですから地域と時代によっては自殺者の葬儀は行なわれず、ご遺体は池や沼に捨てられました。これは、バイブルに書かれた物語を重視するキリスト教徒には許しがたいし、自殺者のために「物語」を改編する気などないということです。

一条　カトリックの自殺者への態度には、わたしも強い違和感を覚えます。最近では「自殺」といわずに「自死」と呼ぶ風潮が広まっていますが、ノンフィクションライターの瀬川正仁氏が『自死』（晶文社）という素晴らしい本を書かれています。
それによれば、六九三年のトレドの宗教会議で、「自死者はカトリック教会から破門する」という宣言がなされました。「自死」が公式に否定されたわけです。

さらに名教皇といわれた聖トマス・アクィナスが、「自死は生と死を司る神の権限を侵す罪である」と規定したことで、「自死＝悪」という解釈が定まったといわれています。その結果、自死者は教会の墓地に埋葬してもらえないという時代が長く続きました。

わたしは上智大学グリーフケア研究所の客員教授として講義を行なってきましたが、そこではカトリックが自死者を否定していることを取り上げました。しかし先にご指摘とおりの、自死はけっして「自ら選んだ」わけではなく、薬物や環境など様々な要因が複雑にからみあって起こるものだと言えます。ただでさえ、自ら命を絶つという過酷な運命を辿った人間に対して「地獄に堕ちる」と蔑んだり、仏教なら差別戒名をつけたりするのは、わたしには理解できません。それでは遺族はさらに絶望するというセカンド・レイプのような目に遭いますし、なによりも宗教とは人間を救済するものではないでしょうか。

玄侑　私もそう思います。ただお国柄もあるのでしょうね。ある檀家さんの息子さんが自死したのですが、その奥さんが中国の方で、お通夜の前に私の控え室にやってきて、「自殺は卑怯じゃないですか」ときつい顔で問い詰められました。私の答えで納得できなかったのか、儀式が終わったあとも「卑怯者」と叫んでいましたね。

一条　それは痛ましいですね。ただ全体としては、最近では流れが変わってきましたね。瀬川氏によれば、「自死」が社会問題化し、また自死遺族たちが声をあげたことで、長い間、「自死」を差別してきた伝統宗教の世界にも変化の兆しが見えている。たとえば、キリスト教の世界ではローマ法王であった聖ヨハネパウロ二世が一九九五年の『回勅』のなかで、「自殺者を断罪するのではなく、自死を選ばざるを得なかった人生を神に委ねる姿勢が大切だ」と、自死者に対する過去の対応の過ちを認めて謝罪した。もちろん、キリスト教が『自死』を正しい行為だと認めたわけではない。「自死に至った苦しみや遺されたご遺族の悲しみに、キリスト教があまりに無頓着だったことを詫びたのだ」と述べています。

この「自死者に対して、キリスト教はどうすべきか」という問題は、上智大学グリーフケア研究所が取り組むべき最大の課題ではないかと思います。瀬川氏は「いままでも、カトリックの世界には『自死』は罪であるという考えが根強い。しかし、近年、教会内部でも自死者に対する名誉回復の動きが進んでいる。一方、差別的な戒名などによって、長年『自死』を差別してきた日本の仏教界も、日本社会における自死者の急増を受け、これまでの『自死』に対する向き合い方を見直そうという動きが広まっている」と述べています。

玄侑　「神はむすぶもの、仏はほどけるもの」という言葉があります。人は「結ぶ」ことでわかったと感じます。しかし「結ぶ」ことはいわば自己規定ですから、往々にして結びすぎてキツくなってしまいます。

そうすると、今度は「解く」ことが必要になります。まだ学術的には証明されていませんが、「仏」を「ほとけ」と呼んだのは「ほどけ」に由来すると、わたしは思っています。「解脱」だって、その意味合いの言葉ですよね。思いをほどいてまた結び直すことを、わたしは若い人たちに勧めたいんです。いわば「むすんでひらいて」の勧めですね。

一条　結び直すことにつながるわけですね。

玄侑　ところで柳田國男は、仏が神になるまでの一定期間、魂は個性を保ったまま存在していると考えました。人情としてはどうしてもそう思いたいでしょうが、自死の場合はキツイですよね。しかし同じ民俗学者であり国文学者でもある折口信夫は、どちらかといえばほどなく無個性化すると考えたんです。そう考えたほうが救いになるケースは確かに多いのではないでしょうか。

ですからわたしのなかでは､どうしても「ほどけ」て無個性化することが「成仏」なんですが、これも自死ですと相当時間がかかると思います。個性があまりに偏重される世の中では､「成仏」も難しくなっていますし、生きるのもキツイと感じます。

ところでブッダは、弟子の一人が自殺した際、他の弟子たちがそれを責めるのを聞いて、彼は崖から落ちる最中に解脱したのだと言っています。ブッダはやはり救済を優先したということでしょうね。

一条　なるほど、救済していますね。

古代の宗教観

玄侑　「たましい」について考えてみましょう。古語としての「たましひ」は、丸いから「たま」なのでしょうし、「しひ」は動きまわるものに付く接尾語であることが知られます。もしかすると古代の人々は、土葬で埋めた遺体に起こる「ひとだま」という物理現象を見て、そういう発想を得たのかもしれない。土葬で埋められた骨からリンが分離し、土中の隙間を昇るうちに自然発火するようです。

わたしも一度見たことがありますが、それは本当に明るくて、よく動きまわります。昔の人々は、どうやら物にも人間にもこの「たま」が内在していると考えていて、傷つかないよう心がけて暮らしていたようです。

人の場合は死後もその「たま」が活動してその人を護ると考えられ、体内から自由に抜け出ることもできて、他人の「たま」と逢うこともできると考えていたようです。

一条　わたしは「ひとだま」を見たことがありませんが、興味深いですね。

玄侑　ええ。そしてそういう古代的な宗教観が、われわれの執り行なう宗教儀礼にも反映されています。

一条　葬儀ですか。

玄侑　はい。たとえば今でも、ご遺体の上に小さな刀を置きますよね。よく「獣除け」「魔除け」などとも言われますが、そうではなく、あれは死の自覚を持てない死者自身の魂が、体に戻ろうとするのを拒絶するためのものです。昔は、僧侶があの刀を抜き、額とつながっている見えない糸を切ったとも言われます。

一条　恋愛における赤い糸ではなく、霊界と結ぶ糸を断ち切る、と。

玄侑　ええ。霊界とではなく、肉体と「たま」、ですね。本来は、身から「たま」が離れたものを「からだ」と呼びました。いわば刀で生への執着を断ち切って、「自由」への一歩を踏みだしてもらうのだと思います。しかし此の世での自由と違って、知らない世界での自由は心許ないものです。しばらくはその辺を漂いながら、気になる場所に行ったりするのではないでしょうか。

『アミターバ　無量光明』でわたしが描いたのは、そのときあらゆる時間と空間を自在に行き来できる様子です。そうして最終的に僧侶が葬儀を執行し、此の世に見切りをつけてもらう。禅の世界では「引導を渡す」と言いますが、此の世で生きてきた足跡を顕彰し、舐めた辛酸に共感し、最終的に納得まではいかなくともある種の諦念を持って一歩を踏みだしてもらう。その背中を押すくらいが、わたしたち僧侶の仕事なのではないかと思います。

一条　浄土へ往くというのか、いわゆる成仏するわけですね。

玄侑　ええ。浄土そのものはともかく、何がそこへ往くのか、と考えますと、出発するときは明らかに個性を持ったその人の「魂のようなもの」だと思いますが、到着するときは「娑婆の衣を脱ぎ棄てた」元気そのもののイメージですね。

一条　元気になる。

玄侑　というか、根源の気に戻る。そういったイメージを、参列者も含めて持っていただければ、「魂のようなもの」も「ほどけ」て「成仏」するのではないでしょうか。

一条　先ほどふれた自殺はもちろん、いわゆる横死や頓死、夭折などは、なかなか「ほどけ」にくそうなケースですね。この世に未練があるというか……。

玄侑　確かに「引導」に苦労しますね。時には叱って送りだすこともありますし、悔しくて叫ぶこともあります。しかし結局、死そのものはいずれ受け容れるしかありませんし、その際「時の経過」は非常に重要になると思います。

神道では「荒魂《あらみたま》」と「和魂《にぎみたま》」という言葉を使いますが、時の経過と共にこちらが受け容れる気分になったとき、「魂のようなもの」はようやく「和魂」になって、われわれを見守ってくれる存在になるのではないでしょうか。

わたしはなにも、「魂のようなもの」が実在すると申し上げているわけではありません。ただそれは、親しかった人との関係性のなかにリアルに立ち現れます。その姿を少しでも穏やかなものに変成するのが儀式の役目だと思います。

一条　大いに納得しました。死んだ人も、自分の死を受け容れなければいけない。

玄侑　はい。先ほども申しましたが、古来、「身」から「魂」が抜けた状態を「からだ」と呼びました。一七世紀初めに編纂された『日葡《にっぽ》辞書』の「Carada」の項目には、現在の「身体」の意味が「卑語」として使われはじめたと記載されていますが、メインの意味は「死体」です。

おそらく室町時代くらいまでは英語の「Body」と同じような使われ方だったのだと推測できます。生きている、ということは「からだ」にきちんと「魂」が収まり、「身」として機能していることです。

つまり、沖縄などでの考え方が、古代日本的と言えるのかもしれませんね。おそらく「魂」の在り処は〝心臓〟と考えていたのではないでしょうか。「たまげる（魂消る）」とドキドキするし、思わず胸に手を当てますよね。

一条　「渾沌」という言葉がありますが、魂が向かう場所として「浄土」は何が違うのでしょうか。

玄侑　「渾沌」は陰陽の二気に分かれ、やがてあらゆる命が生じます。つまり生命の源ということです。

葬儀は人情を踏まえたうえで人情を絶する儀式で、一喝して個別性から渾沌、あるいは元気に還そうとするわけです。しかしそうは言いましても関係性次第では、時間がかかる場合があるということです。ただ、亡くなった本人は案外スーッと成仏しているんじゃないですか。問題は残って見送る人々でしょう。死はその両者の間に起こっている出来事だから厄介なのです。

一条　それも大いに納得できます。グリーフケアに通じますね。

人間の本性について

一条　話が少し変わりますが、「人間の本性は善なのか、悪なのか？」についてお聞きしたいです。

玄侑　「性悪説」と「性善説」で言えば、仏教は間違いなく「性善説」です。『大乗起信論』の「自性清浄心」という考え方、あるいは「光明蔵」「如来蔵」といった考え方が「華厳思想」に流れ込み、それが仏教各宗に浸透しているからです。

この「華厳思想」というのは本当に凄い思想で、すべてが「雑華《ぞうけ》」として世界を「厳飾《ごんじき》」、つまり飾っていて、そこに毘盧遮那仏《びるしゃなぶつ》から光明が差しているというんです。

影のない光の世界ですね。

鈴木大拙博士は『華厳の研究』という本のなかで、「雑華厳飾《ぞうけごんじき》」の「雑華」を「普通の花」と訳しました。此の世的な価値観では出来不出来もいろいろあるでしょうが、みんな「普通」なんです。「雑」といえば反対語の「純」が浮かぶかもしれませんが、その区別もない。序列もなく評価もなく、みんな「雑」だし、みんな「普通」なんです。しかもすべては「重重無尽」につながっていて連動するし、それでいながら独立しています。

一条　「帝釈《たいしゃく》の網」のことですね。華厳の縁起思想を巧みに表現した比喩が素晴らしい。

帝釈とは「帝釈天」のことですね。もともとは「インドラ」というヒンドゥー教の神ですが、仏教に取り入れられ、仏法および仏教徒の守り神になりました。その帝釈天が地球上に大きな網をかけたといいます。

地球をすっぽり覆うほどの巨大な網が下りてきたわけで、当然わたしたちの上に網はかかりました。一つ一つの網目が、わたしたち一人一人です。網目にはシャンデリアのミラーボールのようにキラキラ光る「宝珠」がぶら下がっています。つまり、人間はすべて網目の一つでミラーボールのような存在としたのです。
この比喩には、きわめて重要な二つのメッセージがあります。一つは、「すべての存在は関わり合っている」ということ。もう一つは、個と全体の関係です。全体があるから個があるわけですが、それぞれの個が単に集合しただけでは全体になりません。個々の存在が互いに関わり合っている、その「関わり合いの総体」が全体であると仏教では考えるのです。網目の一つが欠けたら、それは網にはなりません。これは此の世的な価値観では理解しにくいことですが、たとえば浄土真宗の親鸞聖人はそういうところから此の世を眺めていたわけですね。

玄侑　そもそも親鸞聖人に限らず、鎌倉仏教、とりわけ禅宗や真言宗の明恵上人などには明らかに「華厳」の影響があるでしょうね。「個性」とか「個人（individual）」というのは、キリスト教の長い歴史のなかで、神と向き合うことで出来上がってきたとされます。カトリックには「告解」という習慣があり、電話ボックスみたいな箱のなかで神さまに一年間の罪を告白します。実際は裏に司祭がいて聴いているわけですが、何が罪なのか、という細かい擦り合わせを通して近代的な自我というものが一二世紀くらいから徐々にできてきました。

こうした個人がいて、ヒエラルキーがあって、それが社会を構成する、というのが西洋的な在り方です。

しかし「華厳」的な見方をすると、個人というのは初めから単独では存在しません。「みんな」と一体なのです。「今ここ」の人の在り方は、全体とのつながりのなかに暫定的に現れているにすぎない。だからわたしだけが幸せ、というのはあり得ないわけです。

一条　個人が先にあるのではなく、まず全体がある。「空」につながりますね。

玄侑　そうです。仏教全体に影響した大きな考え方として「空」の思想が取り上げられます。これは主に『般若経典』の中心テーマで、あらゆるモノには自性がない、すべては関係性のなかでの「無常」な出来事だという見方です。

たとえば「赤い花」があったとしても、犬には赤く見えていませんし、飛んできた蜂にもそうは見えません。しかも「花」という名付けゆえに人間は「花」だけを切り分けますが、それは命の実体には合っていません。また自性がないもの同士ゆえにさまざまに関係し合い、変化しつづけているのがこの世界、というわけです。
だから人間のなかに芽生える感情についても、あくまで暫定的な出来事と見ます。そのような見方が本当の智慧（＝般若）だというのが「般若思想」です。『般若経典』ではその智慧に到る方法論として六つの「波羅密多」（実践法）も追求されます。他の仏教思想も、大乗仏教ではすべてこの思想を前提にしています。

一条　般若思想がよくわかります。

玄侑　『般若心経』などにもこの智慧を体現した「観自在菩薩」が出てきますが、これはサンスクリットの「アヴァローキテーシュヴァラ」の翻訳語です。翻訳者は玄《げん》奘《じょう》三蔵です。そして「アヴァ」は英語で言えば「Away」で、次の「ローキタ」が「Look」、つまり「離れて見る」ことこそ真相を観るには肝要だと考えています。近づきすぎて感情や価値判断を沁み出させない見方が「イーシュヴァラ（＝自在）」に通じるというのです。
『法華経』も「空」を前提にして説かれていますが、一つ大きな特徴は「久遠の釈迦仏」というイメージを提案したことです。要するにクシナガラの林のなかで、お釈迦さまは故郷のある北を枕に、涅槃に入られた（入滅された）とされますが、あれはじつは人々を油断させないための「方便」で、本当は死んでいないというのです。生きつづけている釈尊が「久遠の釈迦仏」で、こうした在り方を「久遠実成」と呼びます。

また『華厳経』や『法華経』では、特に「菩薩」という生き方が強調されます。「利他」つまり隣人の救済を、「自利（自ら悟りを目指すこと）」と同時に進めていくということです。なかには「自未得度　先度他」（『大乗涅槃経』）などという表現もあり、自らが救われる前に、まず他人を救済するという言葉もありますが、これは心がけとしてはいいとしても、実際の行動指針にはなりません。

一条　救済にならない？

玄侑　泳げない人が溺れた人を救うことはできないでしょう。ただ他人の救済は常に自己救済のあと、と割り切るのも問題で、そうなると「利他」の機会はいつまでも来ないかもしれません。

一条　「利他」の精神を発揮する機会がない。

玄侑　「利他」を後回しにすると、そうなります。ここで注意すべきなのは、表現は常に極端になってしまう、ということですね。

たとえば餓えた虎に身を投げたウサギの話がありますが、あれなどもたぶん間違って崖から落ちたのですよ。ただ、そう言ってしまってはウサギがあまりに迂闊で可哀想ですから、「捨身飼虎」という物語を作ってウサギの死を大いなる献身として讃えたのでしょう。だって、実際はそれによって虎はウサギの味を覚え、それ以後は仲間のウサギの危険も増えます。何もいいことはない。「自利」と「利他」は、並列までは許せますが、「利他」を優先しすぎるのは心の状態としても危ないと思います。

第3章
仏教と月

太陽と月

一条　「華厳」は太陽の光に満たされるイメージですね。わたしは、太陽をサムシング・グレートそのものであり、言い換えれば「神」と思っています。また、同じく月もサムシング・グレートそのものであり、言い換えれば「仏」と思っています。

玄侑　太陽が神で月が仏ですか？

一条　はい。わが社の「サンレー」という社名には、「太陽の光」（SunRay）という意味があります。太陽は、あらゆる生きとし生けるものに生存のためのエネルギーを与えていますね。

太陽の重要性は、いくら語っても語り尽くせません。この天体の存在なしでは、当然のことながら、地球も存在し得ませんでした。また、太陽が送り届けてくれる光エネルギーがなかったとしたら、地球は暗黒の凍った天体となってしまっており、生命を育む存在とはなり得ませんでした。

『旧約聖書』の「創世記」には、最初に神が「光あれ」と言います。わたしは、それは太陽光線のことだと思います。思いをめぐらせば、いま、わたしたちが使用している石油や石炭も太古の昔に地球が蓄えた太陽からの光エネルギーですし、最近では太陽エネルギーそのものが発電にも利用されています。太陽活動の指標である太陽黒点数の変動には約一一年周期の循環性がありますが、これが地球上の気象環境やエコロジー、さらには経済・景気変動にまで影響しているとされています。

太陽は、古代に生きた人々の生活と信仰を支える大切な天球でした。生活においては、彼らの暮らしが狩猟や農耕に依存していたので、太陽がいかに大きな力を及ぼしているかについてはよく理解していたでしょう。そこから太陽に対する崇拝や信仰が生まれ、神そのものを感じました。太陽は月とともに、人類最古の信仰の対象だったのです。

さまざまな人工照明により夜間を明るくする工夫がなされている現代では、真の闇がどんなものかを想像することは困難です。真っ暗闇の状態では、すぐ近く、手を伸ばせば届くようなところまで危険が迫っていてもわかりません。古代人は、このような恐怖に満ちた状況のなかで生活を送っていました。そのためか、朝日が昇ってくるのを見たときは安堵の気持ちを抱いたことでしょう。あらためて太陽の恵みに深い感謝の心を抱いたに違いありません。

太陽が西の空の向こうに沈んだあと、再び回帰してくることがなかったとしたら、人々は夜の恐怖にさらされるだけでなく、太陽のもたらす恵みも受けられなくなります。古代人たちが、沈みゆく太陽が再び東の空に昇ってくるようにと祈願するようになったのは当然の帰結でした。このようなことから、太陽がもたらす恵みに感謝する祭祀や、冬至や夏至に当たる日に特別の祭りを行なうようになったのでしょう。太陽の光に対する感謝の念も、当然強くなりました。太陽に関する神話も地球上のあらゆる場所で誕生しました。

玄侑　太陽と多くの宗教は切り離せませんね。

一条　はい。そして太陽が「生」のシンボルなら、月は「死」のシンボルでした。多くの民族の神話と儀礼のなかで、月は死、もしくは魂の再生と関わっています。規則的に満ち欠けを繰り返す月が、死と再生のシンボルとされたことはきわめて自然だと言えます。地球上から見るかぎり、月は常に死に、そして蘇る星なのです。また、潮の満ち引きによって、月は人間の生死をコントロールしているという事実があります。

さらには、月面に降りた宇宙飛行士の多くは、月面で神の実在を感じたと報告しています。月こそは天国や極楽、つまりそこは魂の理想郷だったのです。

玄侑　魂の理想郷――ご著書で言っておられますね。

一条　はい。日本人の葬儀や墓、そして死と仏教との関わりは深く、今や切っても切り離せませんが、月と仏教との関係も非常に深いのではないですか。

玄侑　たしかにそうですね。

一条　お釈迦さまことブッダは満月の夜に生まれ、満月の夜に悟りを開き、満月の夜に亡くなったそうです。

ミャンマー仏教など南方仏教の伝承によると、ブッダの降誕、成道、入滅の三つの重要な出来事はすべて、インドの暦でヴァイシャーカの月の満月の夜に起こったといいます。太陽暦では四月か五月に相当しますが、このヴァイシャーカの月の満月の日に、東南アジアの仏教国では今でも祭りを盛んに行なっています。これは古くからあった僧俗共同の祭典の名残だそうです。また毎月二回、満月と新月の日に、出家修行者である比丘《びく》たちが集まって、反省の儀式も行なわれています。

玄侑　布薩会ですね。

一条　はい。ブッダは、月の光に影響を受けやすかったのでしょうか。言い換えれば、月光の放つ気にとても敏感だったのでしょうか。

玄侑　南伝仏教国では剃髪も満月の日に行なうそうですから、満月へのこだわりは相当強いですね。だいたい、満月が海の上を通ると、月の引力で水が引き上げられるのが潮の高さでわかりますが、じつは陸地も二〇センチほど持ち上がっているそうですね。そうなると、血液だって脳のほうに上がるでしょうし、特別な状態になるのかもしれませんね。

一条　わたしは、やわらかな月の光を見ていると、それがまるでヴィジュアライズされた「慈悲」ではないかと思うことがありますが、ブッダという「めざめた者」には月の重要性がよくわかっていたように思います。「悟り」や「解脱」や「死」とは、重力からの解放にほかならず、それは宇宙飛行士たちが「コズミック・センス」や「スピリチュアルワンネス」を感じた宇宙体験にも通じます。

満月の夜に祭りを開き、反省の儀式を行なう仏教とは、月の力を利用して意識をコントロールする「月の宗教」だと言えるかもしれません。太陽の申し子とされた日蓮でさえ、月が最高の法の正体であり、悟りの本当の心であり、無明（煩悩・穢《え》土《ど》）を浄化するものであることを説きました。「本覚のうつつの心の月輪の光は無明の暗を照らし」「心性本覚の月輪」「月の如くなる妙法の心性の月輪」と述べ、『法華経』について「月こそ心よ、華こそ心よ、と申す法門なり」と記しています。かの日蓮も、月の正体をしっかり見つめていたのでしょう。

玄侑　「月影や四門四宗も只一つ」。芭蕉もそんな句を詠んでいます。

父の思い出

一条　月も大事ですが、太陽も大事です。

先ほどお話ししたわが社の「サンレー」という社名は、わたしの父でありサンレーグループの創業者である佐久間進がつけた社名です。少し父の話をしてもよろしいでしょうか？

玄侑　もちろんです、どうぞ。

一条　父・佐久間進の人生とは、太陽の追求の連続でした。千葉県の房総半島に生を受けた父は、少年期、太平洋に面した鴨川市の沖に浮かぶ仁右衛門島から昇る荘厳な日の出に心の底から魅せられたそうです。その島がかの日蓮上人の修行の地と知りました。若き日の日蓮は島によく渡っては、洞窟の中に座って朝の光を浴びながら修行したといわれます。日蓮はわが佐久間一族の祖先とも浅からぬ縁があるようですが、一二五三年に清澄山頂で、大海原から昇る朝日に向かって、初めて「南無妙法蓮華経」と唱えたといいます。その日蓮の同郷人として大いに影響を受けた佐久間会長の心は自然と太陽を追い求めるようになったのです。
その後、父は創業した会社の社名を「太陽の光（ＳＵＮＲＡＹ）」を意味する「サンレー」とし、国内で日照時間が一番長い宮崎、逆に一番短く最も太陽を求めている金沢、そしてまさに太陽が生まれる久高島を持つ沖縄など、太陽に関連する土地に次々に進出し、人々の心を明るく照らすべくチャレンジしてきました。
父は、『太陽を追う男』という本で「わたしの生涯は太陽、それも美しい日の出を追い求めていたような気がする。石垣島の日の出は世界一だと思うし、九州では門司の青浜から見る日の出が素晴らしい」と語っています。その青浜には、皇産霊《みむすび》神社が創建されました。わが社は「太陽を追う男」が創業した、いわば「太陽を追う会社」なのです。

玄侑　「太陽を追う男」が創業した「太陽を追う会社」ですか。素晴らしいですね。先日ご恵送くださった本も拝見して、偉大な創業者の熱と直観力を感じましたね。

一条　ありがとうございます。ちなみに、わたしは「月を見上げる男」と呼ばれてお

ります。(笑)

太陽は神、月は仏

一条　わたしは、「庸軒《ようけん》」という雅号で「ただ直き　心のみにて　見上げれば　神は太陽　月は仏よ」という歌を詠んだことがあります。その神と仏が一致する神霊界の一大事件のごとき現象があります。「皆既日食」や「金環日食」です。

この世界における最大の謎とは何でしょうか?

わたしは、地球から眺めた月と太陽が同じ大きさに見えることだと思います。人類は長いあいだ、このふたつの天体は同じ大きさだとずっと信じ続けてきました。しかし、月が太陽と同じ大きさに見えるのは、月がちょうどそのような位置にあるからです。月の直径は、三四六七キロメートル。太陽の直径は、一三八万キロメートル。つまり、月は太陽の約四〇〇分の一の大きさです。次に距離を見てみると、地球から月までの距離は三八万四〇〇〇キロメートル。また、地球から太陽までの距離は一億五〇〇〇万キロメートル。この距離も不思議なことに、約四〇〇分の一なのです。こうした位置関係にあるので、太陽と月は同じ大きさに見えるわけです。それにしても、なんという偶然の一致でしょうか！

というわけで、わたしは太陽とは神であり、月とは仏ではないかと思っているのですが、長々と大変失礼いたしました。

玄侑　いやいや、お見事な解説をありがとうございました。

それにしても、一条さんは歌人でもあるのですね。敬服します。

そして確かに月と太陽の特別な関係には驚きますね。そして地球も合わせると、その三者が直角に位置するのがお彼岸です。われわれ人間にはこの地磁気を感じるセンサーがありませんが、どうもお彼岸独特の地磁気によってこの時期だけ南極と北極の両方にオーロラが出ますし、彼岸花も全国ほぼ一斉に咲きだします。植物や鳥たちは微弱な地磁気を感じるようなんですね。

鳥の大量の群れがけっしてぶつからないのも、この地磁気を感じるセンサーのおかげらしいですが、今後の研究成果が待ち遠しい分野です。

一条　すべてが関係していますね。

玄侑　月と太陽ですが、やはり仏教では月光菩薩と日光菩薩というように、初めから対をなすものと見ました。いわゆる陰陽の元ですね。

ただ、『華厳経』は本来、太陽の光に照らされた世界なのですが、鎌倉時代の真言・華厳僧である明恵上人は月に置き換えました。

「あかあかやあかあかあかやあかあかや　あかあかあかやあかあかや月」という歌はご覧になったことがあるかと思います。一度見たら忘れませんよね。これは私見ですが、月の光があらゆるものを溶かし込んでしまった描写ではないでしょうか。「一即一切、一切即一」、あるいは「相即相入」、いわゆる「事事無礙法界《じじむげほっかい》」を感じてしまいます。自然と人間さえ一体化しているような……。

西洋と東洋の違い

一条　月と太陽を見てきましたが、同じ〝自然〟についてみてみると、西洋における自然と、仏教における自然観は違いますね。

玄侑　そうですね。ギリシャではソフィストたちによって「フュシス」、つまり自然や生成を意味する言葉が重視されますが、やがてプラトンが出てイデアが登場すると、神と結びついて自然は神の被造物になってしまいます。仏教、というか東洋では、自然にも人間にも独自の生産性を認めている気がします。

自己増殖力のことを古代は「け」と呼んだようで、「気」や「木」、「毛」などの文字の訓《よ》みになりました。すべていつのまにか増えるものですね。

この力が枯れることを「け枯《が》れ（＝穢れ）」と呼んだわけです。「独り神」は「ひとりでに」増えますが、「いざなぎ」「いざなみ」以降はすべて対をなすことで殖えます。

陰と陽など、両極端が混在することで何かが生成され、また生成変化するものは穢れないし、コントロールできない、という思いが東洋にはあるのでしょうね。その性の源を、「渾沌」とも呼びます。
一方の西洋では、すべてが神の被造物ですし、そのなかで人間には特別な地位があると思い込んでいます。だから自然は、コントロールできるという考え方が西洋は強いですね。

陰陽太極図

エネルギーの根源としての「神」と「渾沌」を比べますと、「渾沌」の内部では常に陰陽の鬩《せめ》ぎ合いが発生しています。いわゆる「太極図」ですが、これが「元気」の源です。つまり葛藤がエネルギーを産みだしているわけです。ここからすべてが「なる」ことになりますから、東洋には創造主としての「神」は要らないわけです。

一条　その意味で西洋の神は、おっしゃるように初めから「ある」のかもしれませんね。

玄侑　プラトンの「イデア」以後は、どうしてもそうなってしまったようです。

「気」の発見

一条　東洋医学や東洋思想は、考え方の中心を「気」に置いていますね。宇宙には気という生命エネルギーが満ちているという思想。人間や動植物は、宇宙から気のエネルギーを与えられて生まれ、また宇宙の気のエネルギーを吸収して生きている。

東洋医学では、人間は天の気（空気）と地の気（食物）を取り入れて、体内の気と調和して生きているとされています。科学的に見れば、気は一つの波動なのです。したがって、気が乱れると病気になってしまいます。

人間の身体とは気の流れそのものにほかなりません。それは、ちょうどバッテリーのようなものではないでしょうか。バッテリーは放電ばかりしていると、電気がなくなってしまいます。長くもたせるためには、ときどき充電しなければなりません。人間も同様で、気の充電をしなければ「気力」もなくなり、「やる気」も起こらなくなって、ついには「病気」になって死んでしまいます。ちなみに、わたしの父は「気」

したほどです。

というものに強い関心がありました。オリジナルの「産霊気功」というものを開発

玄侑　それは凄いですね。時間と空間を貫きながら変化しつづけるこの「気」を発見したことが、東洋あるいは「華厳」哲学の背景にある最大の強みだと思います。

人間のなかの「気」の様子は「気持ち」とか「気分」「気ごころ」などと言いますが、「気」は山川草木のすべてを遍くつないでいます。「華厳」の「光明遍照」も、光として考えるとどうしても影を思い浮かべてしまうのですが、「気」ならばそれも可能ではないかと思います。

思えば人間の生活は、空間的に動きながら時間的経過を辿るもので、これは常に同時に起こっています。時間と空間は分けられないはずなんです。これを無理やり分けた西洋と、「気」の離合集散として統一的に捉えた東洋の違いは大きいと思いますね。「縁起」は時間と空間の双方に関わる在り方です。

一条　ああ、なるほど。縁起とはまさにそうですね。

玄侑　まぁ、分節やカテゴリー化は西洋文化のお家芸ですから（笑）。

デカルトによって身心二元論が成立しますが、これはキリスト教への抵抗のため、ある意味やむを得なかったと言えます。しかもそれによって産業革命が起こり、市民社会の誕生にもつながりました。

しかし科学技術や市場経済が自然や人間をおびやかす現代に至って、ようやく身心を統一的に捉える「気」に注目が集まってきたのではないでしょうか。

いま、風水が人気ですが、要は、住む場所によって人の気分も変わるし、佳い気の溢れる場所に住めば人間も大きく成長できる、という考え方です。当然、「縁起」の思想にも馴染みやすい考え方で、わたしは「華厳」の思想もこの「気」の文化あればこそ、中国や日本でスムーズに広まったと思うんです。

一条　確かに、東アジア全般で仏教が受け容れられた理由がわかりますね。

蝶と魂

一条　西洋思想との対比でいえば、ギリシャ哲学が仏教に与えた影響がありますね。

玄侑　仏像への影響はよく言われることですが、仏教への直接的な影響については浅学にして存じません。ただ、「諸学の祖」と呼ばれるアリストテレスは、あらゆる物事をとにかく整然と分類しました。ある意味、分類じたいが「イデア」への抵抗にも思えますが、アリストテレスは「プシュケー」をまともに論じています。

プシュケーという言葉は、じつは本来「気息」の意味とされます。インドの「アートマン」も、ドイツ語の「ガイスト」も、同じように「魂」を意味しながら本来は「息」のことです。やはりどこでも「息」に魂を感じたということでしょうか。

ブッダはとにかく呼吸に意識を置くことを勧め、『アーナ・アパーナ・サティ・スートラ』というテキストを残していますが、アーナが吐く息、アパーナが吸う息で、サティは意識のことです。面白いことにギリシャの「プシュケー」には「蝶」という意味もあります。そして日本の『万葉集』には蝶々が一度も出てこないそうですが、これも蝶が「魂」を運んでいると思われていたため、言葉にするのがタブーだったのではないかと言う人もいるそうです。

一条　知りませんでした。「蝶」が出てこないんですね。

玄侑　はい。ギリシャ人にとっては魂イコール蝶だったように、中国でも「胡蝶の夢」に代表されるように、蝶は魂そのものだと考えられました。さらには日本にも魂が蝶になるという蝶伝説が残っています。蝶が魂であるというのは、人類の普遍的なイメージなのかもしれません。

一条　魂が蝶なら、人間の肉体とは蛹《さなぎ》。繭《まゆ》はまるでそのなかに生命がないように見えます。しかし、これという時機が来れば、どの蛹もみんなぱっと開いて、そのなかから蝶という魂が抜け出す。キューブラー＝ロスは、母親が重病で死にそうな小さな女の子にやさしく「死ぬって決してそれで終わりなのではないのよ。埋められ、あるいは火葬された肉体は貝殻なのよ。ちょうど繭が〝チョウのための家〟であったと同じなの。そしてチョウチョウは繭よりもずっと美しいし、自由なのよ。チョウは繭から出るとすぐに飛んでいってしまう、わたしたちには見えなくなってしまう。だけど本当はそのとき、チョウチョウはきれいに草花の間を翔び、日光を浴び、しあわせになっているのよ」と語りかけたそうです。

玄侑　ええ。わたしも読みました。幼虫が蛹になり、さらに蝶になる仕組みは、まだ謎もあるようですが、本当に神秘的ですね。

「択一」という生き方

玄侑　ところで命の発生の話に戻りたいのですが、……陰と陽とは対等ですよね。そこに序列はありません。両者が絡み合って新たな命が産みだされるその大元です。中国の『荘子』という本に、「両行」という言葉があるのですが、ふたつながら行なわれる。その場合は矛盾するふたつですが、たぶんそうした矛盾を抱え込んで渾沌としているのが人生なのであり、しかもその渾沌がエネルギーを生んでいくわけです。

ちょっと難しいですけど、たとえば生と死は反対の概念ですけど、死を抱え込むことで生は充実するのかもしれないですよね。だから嫌だと思うことも、たぶんある程度は生きていくエネルギーを生むのに必要なんじゃないでしょうか？　わたしたちの社会には知らないうちに儒教的な規範が忍び込んでいますから、どうしても「一途」が褒められる。それに普通は、そのほうが楽ですよね。一つに絞ったほうが。
おそらく二者択二という道は、男女関係に限らず、非常にエネルギーを使うでしょうし創造性を刺激するはずです。ただ問題は、生活のどの部分にそういう方法論を採り入れるか、でしょう。
「択一」という生き方が「正しさ」とか「美しさ」を目指しているのに対し、「択二」や「択三」はおそらく「楽しさ」を目指していると思いますよ。

一条　これまた、非常に説得力がありますね。

玄侑　『荘子』には「天鈞《てんきん》」という言葉も出て来ますが、これは西洋的な二元論ではなく、「天から見れば、どっちもどっち」、釣り合ってるじゃないかという見方です。是非善悪や美醜尊卑といった一つの価値観の高低で見るのではなく、見方さえ変えたら両方面白いじゃないか、という考え方なのです。
荘子は「道枢《どうすう》」という言葉も使っていますが、「枢《とぼそ》」というのは回転ドアの軸のことです。この枢の周囲を扉が自由に回転するように、道の枢は一切の対立と矛盾を越えて千変万化する現象世界に自在に応じる。つまり二元論じゃなくて、見方は三六〇度あり得るというわけです。すべてをグラデーションとして見ればみな面白い。

一条　二元論で考えてしまいがちなのは、西洋の影響というか、仏教的思考が弱くなっているのかもしれませんね。

玄侑　合理主義的な教育の影響なのか、それとも人間の脳機能の根深い性向なのか、そこは難しいところですね。なぜなら禅の道場でも最初に与えられる公案は、昔から二元論を打ち砕くための問いなのです。東洋でも、昔から二元論は大きな障害と捉えられていたということでしょうね。

「八百万の神」の存在

玄侑　ところでこの「道枢」という考え方は、じつは「八百万《やおよろず》の神《かみ》」にもしっくり来ます。

もともと最初の三神じたい、同じ存在への三つの見方で生まれた名前です。神々がどれほど増えてもおかしくないわけです。しかも「ギリシャ神話」のように親子関係などはあるものの、そこには明確な序列はなく、基本的には対等ですから、争ったりもします。「八百万の神」には世代や役割分担はありますが、ヒエラルキーはないのだと思います。

一条　優劣や上下関係はない。

玄侑　ええ。かなり独特の見方かもしれませんが、わたしはこうした感受性があらかじめあったからこそ、「華厳」の考え方がこの国にすんなり浸透したのだと思います。ニーチェがむきになって否定した「絶対神」は、もとより日本には存在しませんでしたし、わたしたちの先祖たちが崇めたのは自然の生産性や、その増殖力だったのではないでしょうか。そして自己増殖も、じつは死を呑み込みながら円環をなしています。

一条　絶対神が存在しなければ、否定する必要もないわけですね。

玄侑　はい。日本の場合、幾層にも「両行」（＝デュアル・スタンダード）がはたらいていますが、一番大きいのは言葉でしょうね。中国から入った漢字文化はありがたく享受しながら、それまでの話し言葉も「訓読み」という形で残しました。「腕」という文字は使いながら、「ワン」だけじゃなく「うで」と、これまでどおりにも訓《よ》んだわけです。

また仮名を発明したことで、視覚文字である漢字といわゆる表音記号としての仮名文字も両行させました。

一条　漢字仮名交じり文という日本語は、世界でも稀ですよね。

玄侑　情報処理に使われる脳の範囲が最も広いとも言われます。つまり仮名は通常の音声処理ですが、漢字のほうは一瞬に絵画として読み取っているということです。しかもこのとき、漢字を「真名《まな》」と持ち上げ、自分たちの文字は「仮名」とへりくだっています。そうしてさらに「仮名」のなかにも平仮名と片仮名を両行させました。

一条　へりくだっているわけですか。

玄侑　そうだと思います。また平仮名は和歌など、主に国風の文化を担いますが、片仮名は漢文の書き下しの際の送り仮名など、主に僧侶たちが漢文の読解のために用いました。片仮名はその後、外国語を受け容れるための音声文字としても有効に使われていきます。

一条　和製英語をはじめ、日本人は音として取り入れますよね。

玄侑　はい。こうした両行は、たとえば武家と貴族が共に六〇〇年以上権威を保ったところにも表れています。

建築も、『方丈記』のように庵というコンパクトな住み方が推奨される一方で、世界にも稀なほど勇壮な城郭建築を造ったわけです。この庵と城郭に対応するように、「ワビ・サビ」と「伊達《だて》・婆娑羅《ばさら》」という極端に違う美学もありますよね。「鄙《ひな》び・雅び」も両行です。さらには、「義理と人情」などのように個人の心に両方ある、というものもあります。「本音と建て前」「私と公」、人によっては「意気と通」などもも個人のなかで両行できるのかもしれませんね。また「侘び茶」というのは、「雅びのなかに鄙びを見出す」個人のなかでの両行でしょう。

一条　陰陽といってもいいですね。わたしは「陰陽」に関心があります。太陽と月、火と水、男と女など、二つの世界が存在する。

玄侑　ええ。「陰陽」の基本は、陽が「動く性質」、陰が「動かない性質」です。もっと言えば、陽は「枝分かれ」して、陰は「包み込む」ことになります。それゆえ、植物においては、枝分かれして花を咲かせるはたらきは「陽」、根っこは包み込むはたらきと見て「陰」になります。

つまり、太陽から離れていく根っこを「陽」、近づいてゆく枝葉を「陰」と見る食養の「陰陽」とは逆になるわけです。同様に、脳機能でも知性は枝分かれのはたらきですから「陽」ですし、この場合、「陰」は「瞑想」ということになります。ロジカルな脳機能は「陽」で、読経や瞑想、ほとんどの宗教的な行は「陰」の充実を目指します。

さて、ついでですが、ここではもう少しだけ「両行」のバリエーションを例示させてください。たとえば諺も、正反対の意味合いのものがほぼ必ずあります。「嘘つきは泥棒の始まり」に対して「嘘も方便」、「芸は身の仇《あだ》」と言いながら「芸は身を助く」とも言う。「栴檀《せんだん》は双葉よりも芳し」と早熟を誉めながら、「大器晩成」という言葉も用意してあります。「血は水よりも濃い」と言いながら「遠くの親類より近くの他人」と言うし、「大は小を兼ねる」と言うのに「山椒は小粒でぴりりと辛い」とも言う。「武士は食わねど高楊枝」などとプライドを重んじるのに、いざとなれば「背に腹は代えられぬ」と食べるのもアリです。「立つ鳥跡を濁さず」のはずなのに、「旅の恥はかきすて」と言われる去り方もあります。「三つ子の魂百まで」と肝に銘じることは大事ですが、時には「喉元過ぎれば熱さ忘れる」ことがいい場合もあります。

一条　とても面白いですけど、キリがないですね。（笑）

玄侑　要するにどちらに転んでも対応できるように、両極端の在り方を共に知っておくべきだと考えているのではないでしょうか。人さまざまだからこそ、われわれは両極端を踏まえたうえで、現実にはその間のどこかベストな場所を直観的に判断して着地する方法をとるわけです。日本人は、この両行と直観で自らの行動を決めているような気がします。

フランスの地理学者で東洋学者のオギュスタン・ベルクの言う「一見矛盾と見える成功の鍵」は、直観がはたらけばこそ。だから直観を磨くために、この国ではあらゆる「道」の付く文化が盛んになりました。

剣道、柔道、弓道などの武道はもちろん、華道、茶道やあらゆる古典芸能もその範疇に入ると思います。要するに、繰り返し同じ行為を「稽古」することで、無意識にその動きができるようになる。そうなった状態を「身についた」と言いますよね。これこそ直観の発露する場です。

そして日本人は、その状態こそ「無意識」が「ケ」として発露する場と考えた。「ケ」とは自己増殖力。「気」や「木」「毛」などに共通する自然の増殖力です。つまり思っていた以上のことが無意識のおかげでできるわけです。意識より無意識は遥かに膨大なことを知っているはずですから。

第4章
仏教と葬儀

葬式の問題点

一条　「これでいいのか、日本仏教」という思いがあります。

わたしは、島田裕巳さんが書かれた『葬式消滅』（G.B.）という本は、現在の日本の葬式が抱える問題を浮き彫りにしてくれたと感じています。でも、問題があるからといって、葬式が「消滅」していいかといえば、当然、そんなことはありません。「葬式」というとき、勘違いされている問題があります。それは、葬式と仏教を一緒に考えているということです。

葬式は誰のためにあるのか、それは亡くなられた方と、遺された方のためにあるものです。その一つが仏式葬儀、つまり仏教による葬儀です。

玄侑　そうですね。ずっと遡って平安時代には、僧侶は臨終には立ち会いましたが、亡くなると送葬人という人々に引き継ぎました。ですからお釈迦さまの言ったとおり、葬儀には関わらなかったわけです。僧侶が葬儀をするようになったのは、僧侶仲間を見送る儀式が一般化したのだと思います。つまり何とかああいう形でわれわれも見送ってほしいという人々の欲求に応えたのだと思います。それだけ儀式に力があったのでしょう。

われわれは檀家さんが亡くなると、まずはご家族にお寺に来ていただき、「お知らせ」という時間を持ちます。生まれたときからこれまでの、その方の人生を流れとして伺うのです。多くの場合、こちらは本人のご両親なども知っていますから、伺う話はけっこう多岐にわたります。そのうえで、相応しいお戒名を考え、しかもその方のためだけに香語という文章を書きます。わたしは小説も書きますが、この香語の文章は一種の短編小説にも似ています。その方の来し方を振り返ったうえで、最後に短歌や漢詩を詠んで勢いをつけてから一喝します。慣れた読経の力も無視できませんが、やはりわたしは、葬儀の持つ力はこの個別の引導香語にあると思っています。うちのお寺の場合、お通夜の日に棺の蓋に筆で揮毫もしますから、さらに印象が強いかもしれませんね。そうしたことがどんどん省略されることで、儀式の力が衰えているのではないでしょうか。

一条　棺の蓋に文字を書くのですか？

玄侑　そうです。昔はどの宗派でも書いたようですが、臨済宗では定型句として「出離生死　入住涅槃　寂滅為楽　究竟常住」（出でて生死を離れ　入りて涅槃に住す　寂滅を楽と為し　常住を究竟す）という言葉を書きました。わたしが本山で住職研修会を受けた三五年前で、書いているという方は数人でしたから、今はもういないかもしれませんね。

一条　どんどん省略されていったと？

玄侑　ええ。棺の四方にも書く文字がありますから、うちの父などは前の日に相当早く当家に行って、お通夜のまえに書いていましたね。今は葬祭場での儀式がほとんどですから、そこまでする和尚はいないでしょうね。

一条　ええ、見たことはないですね。

　ところでここでは、わたしなりに葬式を執り行なう仏教の問題点を整理していきたいと思います。まず誰が何と言おうと、日本仏教の核心は葬式であり、葬式によって社会的機能を果たし、また一般庶民の宗教的欲求を充たしてきたことを忘れてはなりません。

玄侑　わたしもそう思いますよ。葬儀に臨席することが仏教の入り口になってほしいし、親族にはグリーフケアの場になってほしいですね。実際、仏事の記憶は、二〇年、三〇年経っても覚えている方が多いですよね。

一条　はい。じつは二〇一四年六月六日、仏教連合会の主催によるシンポジウムが福岡市で開催されました。わたしが「葬式は必要～有縁社会をめざして」の演題で基調講演を行なったのですが、四〇〇名近い僧侶の方々が集まりました。

　わたしは、これまでも僧侶の方々の前で講演した経験はありますが、これほど多くの僧侶を前に話すのは初めてでした。まさに「釈迦に説法」大会ですので、最初にそのことをお断りしました。あくまでも自分は仏教者および仏教の研究者ではなく、冠婚葬祭の専門家としてお話しさせていただくと述べました。

玄侑　それは意義深い集いですね。だいたい僧侶と葬祭業者の普段からの接触がもっとあるべきだと思いますね。

一条　この日のパネルディスカッションは、「葬式は必要か、不要か」という議論からスタートしました。しかも、わたしの前に発言された方が「葬儀屋と坊主が集まって『葬式は必要』と言っても始まらないでしょう」とか、「葬式をするも良し、しないのも良し」などと言われる方がいたので、わたしも久々に怒りを覚えました。

公開の場で怒りを覚えたのは初めてですが、そもそもわたしは「葬儀屋」とか「坊主」といった下品な言葉が大嫌いなのです。そこには、自分の職業に対する誇り、他人の職業に対する敬意というものがありません。そして、その根底には葬儀という営みに対する軽視が明らかにあります。わたしは、葬儀ほど崇高な営みはないと本気で思っているので、そのような言葉は看過できません。また、お布施に関するジョークが出たのも気に喰わなかったです。臨済宗だったか曹洞宗だったか、いずれにしろ禅宗の僧侶の方が「最近、お布施が少なくて困りますよね～」と発言したら、会場から笑いが起こったのです。

それで、わたしは「今日は、お寺様の前で話すということで、『釈迦に説法』だと申し訳なく思ってきました。わたしは、お坊様という聖職者を『尊い存在』として尊敬しているからです。それだけに、布施についてのジョークは不愉快です」と述べたところ、会場から笑みが消え、凍りついたようになりました。

玄侑　じつはわたしも、お布施について考えはじめたのが、仏教や宗教の入り口でした。中学生の頃は、友人達の冗談にも傷ついたものですが、そこからやがて「無償の贈与」とか「積極的な受け身」ということを学び、最近はお布施こそ世の好循環の元じゃないかと思っています。またお布施はイスラム社会を理解するキモでもありますね。市場原理主義は値切ることばかり考えていますが、そういう考え方の流入を、お布施を基本とするイスラム社会は本気で嫌がっていると思いますね。あ、話の腰を折って失礼しました。

一条　いいえ。わたしは「『葬式は必要か、不要か』という議論からパネルディスカッションが始まったことに非常に驚きました。必要に決まっているではないですか。そんな弱腰だから、『葬式は、要らない』とか『無縁社会』とか言われるんです」とも述べました。

「わたしは葬儀屋だから『葬式は必要！』を書いたのではありません。会社のためとか業界のためとか関係ありません。『葬式は、要らない』などと考えたら日本人が困るから書いたのです」とも言いました。

わたしは情けないというか、心の底から悲しくなりました。しかしながら、もう一人の僧侶の方がわたしの発言に共感を示してくださいましたので、救われた気がいたしました。でもその方は、わたしのことを「一条さんは儒者なんですよ」とも言われたのですが、それは正しいと思いました。

ただ、断っておけば、そのような宗教者らしからぬ僧侶はあくまでも一部であり、多くの僧侶の方々は日夜、葬儀をはじめとした一連の死者儀礼によってご遺族の方々の心をケアされていると思います。「葬式仏教」などと揶揄されることもある日本仏教は、世界に誇りうるグリーフケア宗教であるとも考えています。

玄侑　そう思いたいですね。若手の僧侶たちも臨床宗教師《りんしょうしゅうきょうし》として病院に入っていったり、また「おやつクラブ」とか「お寺食堂」のような新たな活動にも取り組んでいますし、期待しておきましょう。

現役僧侶の貴重な発言

二〇二二年に安倍晋三元総理が暗殺されたことをきっかけに、旧統一教会の問題が注目されてきました。この問題に対して日本の仏教者からの現代宗教に切り込むような発言が聞こえてこないのはなぜでしょうか。新宗教はともかく、在来仏教からの発言はきわめて少ないといえます。

あのオウム真理教事件のときでさえ、仏教界は沈黙したままでした。文学もしかり。五木寛之氏など在家の作家が仏教について書くことはあります。しかし日本文化の基層をなし、これだけ数多く寺もあるのに、仏教作家が教団内から出ないのはなぜなのか。

そう多くの人々が思っていたところに、現役の僧侶の小説家が登場しました。そう、玄侑先生です。

玄侑先生は、世の多くの僧侶と違い、仏教に心から誇りを持ちつつ、葬儀の本質を深く理解しておられる、と心より尊敬しております。

玄侑　それは褒めすぎですよ。ただ申し上げておきたいのは、仏教者からの発言がない、ということですが、それはご承知のように、テレビのプロデューサーや雑誌の編集長が、どんな人々に取材するか、どんな人に原稿を依頼するかに依ります。テレビが宗教界に訊いてこない、雑誌も仏教界の長老などに原稿を依頼しないからではないでしょうか。誰も天台座主に取材しようとか、全日本仏教会の会長に原稿を頼むなんて、遠慮なのかどうか、思わないんですよね。たまたまわたしに取材や原稿依頼がくるのは、おそらく作家としてなのだろうと、わたしは思っていますよ。

一条　たしかにそういう面はあるのでしょうが、わたしには「文藝春秋」二〇〇四年一一月号に「新・冠婚葬祭入門」の特集がとても印象的だったのです。「葬式無用という人もいるが、それでもお葬式は必要なのでしょうか」という質問に対して、玄侑先生はずばり答えておられますね。

玄侑　はい。

一条　原稿を紹介させていただきます。

「よく『葬式無用』などと言う人がいるのは、わたしも知っています。しかしそういう方は、葬儀の社会的な側面にあまりにも無知だというしかありません。一時にお別れのできるそんな機会を作らなかったら、ご遺族はその後どんなことになるか想像力がはたらかないのでしょう。たいてい一ヶ月とか、長ければ二ヶ月ちかく、弔問客が自宅を訪ねてくることでしょう。その対応に、ご遺族は疲れ果てます。そういう例を、わたしは実際に何回か見知っています。どうしても宗教的な葬儀を、とは申しませんが、少なくとも『お別れの会』などの形であれそうした時間をもつことは、ご遺族へのせめてもの思いやりだと思うのです」

玄侑　もちろん、おぼえています。ただそれは、百歩譲った現実的な発言で、本当は葬儀の場で、葬儀という儀礼の持つ力で、ご遺族がある種の目覚めを体験し、踏ん切りをつけて歩みだすきっかけにしてほしいですね。それこそが本音です。

一条　葬儀は悲しみを発露し、しかも何かしらそこから力を得る場でもあります。弔うというのは、死者を悼み、また家族を慰めることですが、それも一定の型のある時間にこそ瞬発しやすいものです。日常に戻るため、あえて非日常を作るというのが葬儀です。
もう二〇年前にもなりますが、玄侑先生のような僧侶が登場したということは、「まだ日本の仏教も捨てたものではない」とわたしは思いました。

玄侑　過分なお言葉をありがとうございます。確かに葬儀は、妙鉢《みょうはち》などの楽器で非日常に入り、終了後にまた日常に戻ります。その間はリングの上というか、娑婆世界ではないのでしょうね。

無縁社会が死を遠ざけた

一条　「仏教には無縁はない」とご著書に書かれておられますね。

玄侑　『しあわせる力』（角川SSC新書）ですね。

一条　内容を少しご紹介すると……。
「私には親が二人います。祖父母は四人います。そのくらいは誰でも会ったことがあるかもしれませんが、曾祖父母は八人いますよね。曾祖父四人と曾祖母四人の名前はご存じですか。まずは知らないでしょう。

さらに「曾々祖父母は十六人、そうやって倍倍に増えていくと、十代前の先祖は一千二十四人いることになる。十代前はだいたい三百年前としますと、享保《きょうほう》年間です。当時の人口は約三千万人です。われわれ一人に対して十代前の先祖が誰にも一千二十四人いるわけですから、日本の総人口一億二千万人の先祖は一千二百二十四億人いないとおかしいわけです。ところが三千万人しかいない。これはどういうことかと申しますと、要するに私の先祖とみなさんの先祖で、同じ人が相当数えられている。間違いなく日本人はみな親戚じゃないか、ということです」と書かれています。

ゆえに、仏教ではほとんどの人は親戚になるというのです。「というのが主に浄土宗に染み込んでいる無縁の慈悲というものだ」と結ばれていますが、このご指摘のとおり、生物的にみても遺伝的にみても、どこかで結びついて考えることは決してオーバーなことではありません。

玄侑　そうですね。だからこそ「袖すり合うも多生の縁」なのでしょうし、『華厳経』の因陀羅網《いんだらもう》も時空を貫く原理として理解しやすいのでしょう。

一条　ご指摘されたように、どんな人間にも必ず先祖はいます。しかも、その数は無数といってもよいでしょう。これら無数の先祖たちの血が、たとえそれがどんなに薄くなっていようとも、必ず子孫の一人である自分の血液のなかに流れています。「おかげさま」という言葉で示される日本人の感謝の感情のなかには、自分という人間を自分であらしめてくれた直接的かつ間接的な原因のすべてが含まれています。そして、そのなかでも特に強く意識しているのが、自分という人間がこの世に生まれる原因となった「ご先祖さま」なのだと思います。

日本人はいったい、そういう先祖の霊魂がどこから来て、どこへ帰ると考えているのでしょうか。仏教の庶民的な理解では、地獄、極楽あるいは浄土ということになるでしょうか。

玄侑　いみじくも今、どこから来てどこへ帰る、と仰いましたが、浄土というのは「往く」場所、まだ行ったことがなくて、行こうとしている場所ですよね。ところが日本人は、死後の行き場として最も多く使う言葉は、浄土でも天国でもなく、「あの世」じゃないですか。浄土も天国も、まだ行ったことはないんですが、「あの世」というのは、「あの」と言っても「どの？」と訊かれない以上、すでに誰もが知っている場所なのでしょう。だからわれわれ禅宗は、位牌の頭にまず「新帰元」と書きます。あるいは「新帰眞」などとも書きますが、いずれにしても「新たに帰る」のです。生まれる前にいた場所、敢えて言葉にすれば「渾沌《こんとん》」とか「元気」ということになりますが、そこへ帰ると、わたしは考えています。「元気」というのは宇宙の中心部にあると考えられたエネルギーの塊ですが、体が寿命を終えたので元気は元気の本体に帰ってゆくイメージでしょうか。

一条　なるほど。ところで、お盆の期間中は「地獄の釜の蓋も開く」と言われています。しかし、地獄や極楽とは庶民教化の方便として説かれたものです。それらは、人間の現世における行ないによって未来永劫の住処《すみか》となるはずのものですよね。

そこから、どうして帰ってきたりすることができるのでしょうか。ましてその死霊が地獄から来ているのだとすれば、これを再び地獄へ送り帰すなど、肉親の情を持つ者にできることではありません。

ですから、盆行事を営んでいる日本人の多くは、おそらく自分たちの先祖が極楽に行っていると信じているのでしょう。

しかしながら、ここでも問題が出てきます。仏教では、この極楽浄土は西方十万億土の彼方にあると、庶民に説いています。そこは煩悩罪悪に汚されたこの世、穢土《えど》を厭離《おんり》して往生すべき理想郷のはずなのです。

せっかく往って再生した浄土から、日本人はどうして厭離すべきこの穢土へ先祖の霊たちを迎え、また送り出さなければならないのでしょうか。これはどう考えても、日本人がやっていることと仏教の教えとの間に矛盾があると言わなければなりません。たとえ宗教的に説明がしにくくても、日本人の「こころ」がお盆を必要としていることに変わりはありません。お盆の時期は、ぜひご先祖さまをお迎えして、こころ豊か時間を過ごしていただきたいと思います。

お盆は「博愛シーズン」

玄侑　お盆というのはじつに複雑ですね。これはつまり、幾層もの物語が重なっているせいだと思います。

まず『仏説盂蘭盆経《ぶっせつうらぼんきょう》』の流入、これがお盆行事の端緒だったと思います。これは中国でできたお経ですが、目連尊者とその母親の死にまつわる物語です。

あんなに優しかった母親が「餓鬼道地獄」に堕ちたのはなぜか、そしてどうすれば救えるのか。

物惜しみしたら堕ちるのが餓鬼道地獄ですが、優しかった母親はじつは我が子以外の人々への愛情を惜しんでいた。誰にでもある依怙贔屓《えこひいき》ですね。その咎《とが》で餓鬼道に堕ちたというわけですから、じつは誰でもそうなる可能性大ということですね。たとえば愛郷心も、愛校心も、あるいは家族とそうでない人々への愛情の違いでも、われわれはじつは依怙贔屓することで社会の安寧を保っています。

ここで注意していただきたいのは、当時の中国人の死後のイメージは、丑寅《うしとら》の方角（北東）に入り口のある冷暗所で、誰もが地獄か餓鬼道か、畜生道に行くというものでした。これを本来は「三途《さんず》」と呼んだわけです。そしてこのときはまだ極楽や浄土はありませんので、当然のことながら此の世に戻ってきたいし、そこで短い期間でももてなそうと思ったわけです。

そして『仏説盂蘭盆経』における救済策は、修行僧たちが解制になる日（自恣《じし》の日）、一般でいえば藪入《やぶい》りに当たる七月一五日に修行僧たちに供養せよ、と言います。つまり修行僧たちは自分の幸いをさておいて修行していますから、そこに供養すれば皆に廻ると考えたわけです。そしてこの七月一五日というのが、偶然にも日本人が古来行なってきたとされる「魂祭り」の日と同じだったのです。魂祭りには死者が還ってくるとされ、じつは日本人は七月と一月の満月の晩に何らかの行事をしていたらしい。

そこに中国から流入した盂蘭盆会が重なったため、いろいろちぐはぐな点が出てしまった。たとえば死者がどこから来るのか、ということについても、古代の日本人は月だと考えていました。

日本で最初の物語が『竹取物語』ですが、あの香具耶《かぐや》姫もじつは死者の世界から来てますよね。ですから後付けで三途とか極楽とか浄土と言われても、わたしたちの文化的な遺伝子に、月がそういうものとして擦り込まれているのでしょう。胡瓜《きゅうり》の馬とか茄子《なす》の牛なんて、どう考えても香具耶姫たちの乗り物のイメージでしょう。

そういうふうに、二重三重に別な物語が重なっていますから、お盆はわかりにくいのですが、わたしは「期間限定の博愛シーズン」と考えて、この期間には虫たちを殺さず、なるべく依怙贔屓《えこひいき》をしないで過ごしましょうと話していますよ。

一条　なるほど、お盆というものは、じつに深くて興味は尽きませんね。わたしは、お盆こそは民俗学者の折口信夫が「生活の古典」と呼んだものだと思います。折口は、年中行事を「生活の古典」と呼びました。彼は、『古事記』『万葉集』『源氏物語』などの「書物の古典」とともに、正月、節分、雛祭り、端午の節句、七夕、盆などの「生活の古典」が日本人の心にとって不可欠であると訴えました。それは日本人の魂への養分でもあるというのです。

ところで個々の死者に対する葬式や法事の場合は、死霊に対する感謝や報恩といった意味よりも、追善《ついぜん》・回向《えこう》・冥福《めいふく》といった意味のほうが遥かに強いと思います。すなわち、死者のあの世での幸福を願う追善と、子孫である自分たちを守ってくれていることに対する感謝とにまとめられたと理解しています。

玄侑　そうですね。ただ最近の弔辞などを聞いていますと、死者は浄土に行くものと決めてかかっているようで、「これからは好きなビールを医者に禁じられることなく、存分にお飲みください」とか、なんだか欲望解禁の世界と思い込んでいるようで、怖いですね。追善ということについては、よくよく考えつづけてほしいと思います。

一条　日本人の歴史のなかの、神道の「先祖祭り」がさっき玄侑先生が仰られた「魂祭り」なのですね。それが仏教の「お盆」へと継承された。そうしますとやはり、生きている自分たちを守ってくれる先祖を供養することは、感謝や報恩の表現と理解されてきます。

玄侑　そうですね。ただお盆の主人公は新たな仏さまではなく、あくまで「三界万霊等」ですから、人間以外の衆生にも目配りしています。おそらくは輪廻の考え方も混じっているのでしょうが、とりあえず人間には不可能な博愛を目指すと思っていいのではないでしょうか。不可能ということは、永遠の目標にできるということですから。

「永遠葬」に込めた想い

いま「永遠の目標」と仰いましたが、じつはわたしは「永遠葬」という言葉を提唱しています。「人は永遠に供養される」という意味です。日本仏教の特徴の一つに、年忌法要があります。初七日から百ヶ日の忌日法要、一周忌から五十回忌までの年忌法要です。

五十回忌で「弔い上げ」を行なった場合、それで供養が終わりというわけではありません。故人が死後五〇年も経過すれば、配偶者や子どもたちも生存している可能性は低いと言えます。そこで、死後五〇年経過すれば、死者の霊魂は宇宙へ還り、人間に代わってホトケが供養してくれるといいます。つまり、「弔い上げ」を境に、供養する主体が人間から仏に移るわけで、供養そのものは永遠に続くわけです。まさに、永遠葬です。

有限の存在である「人」は無限のエネルギーとしての「仏」に転換されます。あとは「エネルギー保存の法則」に従って、永遠に存在しつづけると考えられます。つまり、人は葬儀によって永遠に生きられるのではないでしょうか。

玄侑　なんだか「アミターバ（無量光明）」の世界のようですね。またさっきわたしが申し上げた「渾沌」や「元気」に帰る、という話にもつながりますね。「元気」とは宇宙根源のエネルギーですから、そこへ還って「渾沌」としてまた何かが生まれ出てきます。

人は死後五〇年で神さまになる、という言い方もしますが、いわば荒魂が和魂になり、完全に自然に還る。人間的な感情を絡める人々はすでにいない、ということでしょうが、そこで供養する主体が「仏」に変わるというのは面白い考え方ですね。仏は生産性そのものにもなる、ということでしょうか。あるいは「アミターバ」に包まれる？

一条　仏は生産性そのものにもなるというより、葬儀によって「いのちの拡大再生産」が可能になるのだと思います。そして、その「拡大再生産」は「永遠性」に通じています。「儀式とは永遠性の獲得である」という言葉があります。この名言を残したのは、「二〇世紀最高の宗教学者」と呼ばれたミルチャ・エリアーデです。

玄侑　エリアーデはわたしもずいぶんハマりましたよ。『神話と現実』とか『聖と俗』とか、版元のせりか書房には心から感謝したものです。

一条　わたしはエリアーデが大好きで、せりか書房から出版された『エリアーデ著作集』は全巻読みましたし、その他の著作もすべて目を通しました。彼は『ムントゥリャサ通りで』（法政大学出版局）などの幻想文学の書き手としても魅力的なのですが、なんといっても『世界宗教史』（筑摩書房）、『エリアーデ仏教事典』『エリアーデ・オカルト事典』（ともに法蔵館）などの著作に代表されるように、古今東西の宗教を総合的に研究したところにあると思います。そして、博覧強記の彼が行き着いた宗教的洞察は鋭いです。ちなみに、『世界宗教史』の一部は島田裕巳さんが翻

訳されていますね。島田さんも良い仕事をされていますね。(笑)

エリアーデは、著書『永遠回帰の神話』(堀一郎訳・未来社)において、「永遠」の概念は「時間の再生」と深く関わっていると述べています。古代人たちは「時間の再生」という概念をどうやって得たのでしょうか? エリアーデは、月信仰が「時間の再生」に気づかせたとして、以下のように述べます。

「単純文化人にとって、時間の再生は連続して成就される——すなわち『年』の合間のうちにもまた——ということは、古代的な、そして普遍的な月に関する信仰から証明される。月は死すべき被造物の最初のものであるが、また再生する最初ののでもある。私は別の論文で、死と復活、豊饒と再生、加入式等々に関する最初のまとまりのある教説が組織づけられるのに、月の神話が重要であることを論じた。ここでは月が事実、時間を『はかる』のに役立ち、月の面が——太陽年の久しい以前に、しかもさらに具体的に——時間の単位(月)をあらわすのであるから、月は同時に『永遠の回帰』をあらわすのだ、ということを想起すれば十分である」

月は「永遠回帰」のシンボルなのです。このエリアーデの月の思想は、わたしが一九九一年一〇月に上梓した『ロマンティック・デス〜月と死のセレモニー』（国書刊行会）の内容に多大な影響を与えました。

玄侑　なるほど、そこへつながるわけですね。そして現実にも、一条さんが葬送儀礼イノベーションとして進めていらっしゃる「月への送魂」につながる。まったく凄い試みですね。

たしか「月面聖塔」という地球人類の慰霊塔（ムーン・パゴダ）を建立して、レーザー光線を使って地球から故人の魂を月に送るという計画ですよね。

一条　はい、もともとは宗教哲学者の鎌田東二先生からヒントを頂戴したのですが、わたしは、月は死者の霊魂が赴く死後の世界だと考えています。多くの民族の神話と儀礼において、月は死、もしくは魂の再生と関わっています。規則的に満ち欠けを繰り返す月が、死と再生のシンボルとされたことは自然ですから。

玄侑　わたしが道場に入って一年目か二年目だったかと思いますが、老師から次の句に下の句を付けて歌にして持ってきなさい、という問題を頂いたんですよ。その上の句は「灯火《ともしび》の消えていずこへゆくやらん」というのですが、これは面白い問題で、歌のセンスはともかく、人生についての考え方を訊いていたんじゃないかと思うんです。わたしは坐禅して拈提《ねんてい》した末に「明くれば元の朝陽なりけり」と持っていって「よかろう」と言っていただいたんですが、いま思えば月のイメージのほうがもっと微妙なものが表現できたかもしれませんね。

一条　エリアーデも、「生誕、その成長、衰老、及び死、は月の循環と同化される。この同化が重要であるのは、ただ単に月の普遍的生成の構造を示すからだけでなく、その楽天的な結果のゆえである。というのは月の消滅は必ず新月がついで現れるゆえに、決して終末的でないように、人間の死も決して最終的なものではない」とも書いています。

玄侑　なるほど。楽天的という点では、わたしの「元の朝陽」もOKですね。

月への送魂

一条　第3章で述べたように、仏教のみならず、神道にしろキリスト教にしろイスラム教にしろ、あらゆる宗教の発生は月と深く関わっていますね。なにより月には人間の生命を象徴するような満ち欠けがあります。

また、「太陽と死は直視できない」というラ・ロシュフコーの有名な箴言《しんげん》があるように、人間は太陽を直視することはできません。しかし、月なら夜じっと眺めて瞑想的になることも可能です。

あらゆる民族が信仰の対象とした月は、あらゆる宗教のもとは同じという「万教同根」のシンボルです。キリスト教とイスラム教という一神教同士の宗教戦争が最大の問題となっている現代において、このことは限りなく大きな意味を持ちます。

また、わたしたちの肉体とは星々のかけらの仮の宿です。入ってきた物質は役目を終えていずれ外に出てゆく、いや、宇宙に還っていくのです。宇宙から来て宇宙に還るわたしたちは、宇宙の子ですよね。そして、夜空にくっきりと浮かび上がる月は、あたかも輪廻転生の中継基地そのものと言えます。

玄侑　おお、輪廻転生の中継基地ですか。それは凄い。微塵になった命のかけらが、月での再生を待っているイメージでしょうか。そういえばドイツの神智学者ルドルフ・シュタイナーは、一つ目の地球の死骸が月なのだと言ってますね。月じたい、輪廻を待っているのかもしれない。

一条　それも面白い考えですね。もともと人間も動植物も、すべて星のかけらからできています。その意味で、月は生きとし生ける者すべてのもとは同じという「万類同根」のシンボルでもあります。かくしてわたしは、「月への送魂」という新しい儀式を実施してきました。満月に向かってレーザー光線が放たれるという儀式のデモンストレーションです。「月を死後の世界に見立て、故人の魂を送る」というセレモニーです。

レーザー光線は宇宙空間でも消滅せず、本当に月まで到達します。わたしはレーザーに「霊座」という漢字を当てました。レーザーは霊魂の乗り物だと思っています。

玄侑　一条さんは優れたコピーライターでもありますね。

一条　ありがとうございます。わたしは「月への送魂」によって、人間の死が実は宇宙的な事件であることを知ってほしいのです。「死は不幸ではない」ことを示す「月への送魂」の普及に、死ぬまで、そして死んだ後も尽力したいです。

玄侑　死んだ後も、ですか。「死せる孔明生ける仲達を走らす」ですね。

一条　そしてわたし自身の葬儀は、ぜひ「月への送魂」で行ないたいと思っています。

玄侑　思えばそれは、香具耶姫《かぐやひめ》への回帰かもしれませんね。実現を期待していますよ。

互助会が「無縁社会」を招いたのか

一条　もう一〇年近く前のことです。わが社の社長室の机の上を見ると、たくさんの封書が置いてあります。それらの封書は、わが社と同業である全国の冠婚葬祭互助会の各社から届いたものでした。開封してなかを見ると、「五〇周年のごあいさつ」

という内容の文面でした。全国の互助会が続々と五〇周年を迎えていたのです。ちなみに、わが社も六年前に創立五〇周年を迎えました。

「そうか、あの互助会さんも今年で五〇周年になるのか」とつぶやいた直後、わたしは脳のなかに落雷のような感覚を覚え、思わず、「わかった！」と叫びました。二〇世紀最高の経営学者にして優れた社会生態学者でもあったピーター・ドラッカーは「大いなる社会変革の約五〇年後に社会が変化する」と喝破しましたが、その言葉を思い出したのです。なんと、島田裕巳さんが『葬式は、要らない』（幻冬社舎新書）を著し、「無縁社会」が話題となった二〇一〇年の五〇年前には、日本各地に冠婚葬祭互助会が誕生していたのです。

冠婚葬祭互助会とは、その名のとおりに「相互扶助」をコンセプトとした会員制組織で、毎月積み立てた会費によって、結婚式や葬儀のサービスを会員に提供します。終戦後の一九四八年に横須賀市で生まれ、全国に広まっていきました。

そのルーツは、じつはきわめて日本的文化に根ざした「結」や「講」にさかのぼります。

「結」は、奈良時代からみられる共同労働の時代的形態で、特に農村に多くみられ、地域によっては今日でもその形態を保っているところがあります。一方の「講」は、「無尽講」や「頼母子講」のように経済的「講」集団を構成し、それらの人々が相寄って少しずつ「金子」や「穀物」を出し合い、これを講中の困窮者に融通し合うことをその源流としています。

このような「結」と「講」の二つの特徴を合体させ、近代の事業として確立させたものこそ、冠婚葬祭互助会というシステムなのです。日本的伝統と風習文化を継承し、「結」と「講」の相互扶助システムが人生の二大セレモニーである結婚式と葬儀に導入され、互助会は飛躍的に発展してきました。

当時のわたしは、「無縁社会」が叫ばれ、生涯未婚に孤独死や無縁死が問題となるなか、冠婚葬祭互助会の持つ社会的使命はますます大きくなると思っていました。しかし、「無縁社会」の到来には、冠婚葬祭互助会そのものが影響を与えている可能性があるのかもしれないということに気づいたのです。

玄侑　それはありがたい気づきですね。

一条　ええ。なんとも皮肉で衝撃的な発見でした。もちろん、「日本人の血縁や地縁をメチャクチャにしてやれ！」と企んで互助会が誕生したわけではありません。互助会は、そのような悪の陰謀団体ではありません。敗戦で今日食べる米にも困るような中で、わが子の結婚式や老親の葬儀を安い価格で出すことができるという「安心」を提供するといった高い志が互助会にはありました。

しかし、おそらく互助会は便利すぎたのでしょう。昔は、結婚式にしろ、葬儀にしろ、親族や町内の人々にとって大変な仕事でした。みんなで協力し合わなければ、とても冠婚葬祭というものは手に負えなかったのです。それが安い掛け金で互助会に入ってさえいれば、後は何もしなくても大丈夫という時代になりました。そのことが結果として血縁や地縁の希薄化を招いてきたという可能性は否定できません。

玄侑　そうですね。一九八〇年代から九〇年代まで、われわれは自宅での葬儀もしていましたし、本堂での葬儀も多かったのですが、二〇〇〇年代になると過半数が葬祭場でお通夜も葬儀もするようになります。そのことで何が起こったかというと、仰るように便利にはなりました。隣近所の手伝いも葬儀業者が肩代わりしてくれるし、本堂が会場じゃないわけですから、手伝いの人の手配も、暖房も前後の掃除も要らない。しかしこれらのことは、確かに面倒ではあったわけですが、明らかに葬儀の充実感を支えていました。わたしの住む地方では、先ほど僧侶が自宅でさまざまな文字を書くことを話しましたが、そのほかに、たとえば「四花《しか》」というものを近所の方々が手作りしました。半分は白く、半分はカラフルにして、お釈迦さまが亡くなったときの沙羅双樹を真似て四本ずつの対を木と紙で作って飾るのです。みんな面倒ではあっても、故人のためにと集まって作ったものです。また葬儀の当日には早朝から釜場という臨時の台所も設営しました。地域社会にまだそういう力が残っているうちに、互助会などの葬祭業者が入ってきた。「あ、それはこちらで作りますから」「それも不要です」と言われて、思わず任せてしまった。

またうちの地域ではまだ「結」も「講」もじつは健在なのですが、念仏講というのがあって、六〇歳になるとその講に入って定期的に念仏の練習をします。そして地域で亡くなった人がいると、葬儀に集団でやってきて楽器を鳴らしつつ念仏を称えるのです。わたしの父は「どうせ同じ所に送るんだから」と、儀式中に彼らの念仏を三度挿入させていました。葬儀の始まりと終わり、そしてほぼ真ん中です。念仏が入るとなんとも長閑《のどか》な雰囲気になったものですが、これも葬祭場で儀式をするようになると、来なくなりました。

葬祭会館側はどうぞと言ってくれたのですが、集団で行くとなるとバスを仕立てなくてはならない。その負担が当家にかかることを嫌がったんですね。そしてとうとう念仏講じたいも最近になって解散しました。それらがすべて葬祭業者のせいとは申しませんが、葬儀が行なわれる場所や体制の違いが招いたことであるのは確かでしょう。なにより葬儀の総合プロデューサーの地位が、僧侶から葬祭業者に変わったのです。

一条　たしかに現代日本人のほとんどは、葬儀をセレモニーホール、つまり葬祭会館で行ないます。葬祭会館には小規模なものから大規模なものまでありますが、『冠婚葬祭の歴史』石井研士・山田慎也・小谷みどり・田中大介・田口祐子著（水曜社）などによれば、いわゆる「総合葬祭会館」と呼ばれるような大型施設は、一九七八年にオープンしたわが社の「小倉紫雲閣」が最初だとされています。その後、全国でも最も高齢化が進行した北九州市をはじめ、各地に猛烈な勢いでセレモニーホールが建設され、今ではその数は全国で八〇〇〇を超えています。

玄侑　今や人口一万七〇〇〇人の福島県三春町にも二箇所ありますし、三〇万人以上の隣の市では数えきれませんね。

セレモニーホールの登場とその後

一条　セレモニーホールの登場が、また日本人の葬儀およびコミュニティに重大な変化を与えたと多くの宗教学の研究者が見ているようです。宗教学者の中沢新一氏なども、そういった見方をする一人です。

二〇〇八年に映画『おくりびと』が公開されたとき、コピーライターの糸井重里氏による「ほぼ日刊イトイ新聞」において、「死を想う」という座談会が連載されました。中沢新一、本木雅弘、糸井重里の三氏による興味深い座談会でした。そこで、中沢氏は以下のような注目すべき発言をしているのです。

「だいたい、日本のお葬式というのは二〇年くらい前から、変わりはじめたんですよ」

「まずはね、葬儀屋さん業界がみずから、ドラスティックな変革をはじめたんです」

「というのも、日本人は長いあいだ、人の死にまつわる『けがれ』というものをお坊さんに任せっきりにしてきた。お坊さんに『丸投げ』にして、思考停止しちゃってたんです」

「むかしのお坊さんは、自分たちが『おくりびと』であるという意識をつよく持っていたんですよね。その『けがれ』を引き受けるという役目をしっかりつとめてきたんですけど、時代がくだるにつれて、それも、徐々に風化してきてしまった」

この中沢氏の発言は重要な指摘ですし、おそらくは正しいのでしょう。冠婚葬祭互助会が日本人の血縁や地縁を希薄化させ、セレモニーホールが仏教者から「こちら側」へ葬儀の主導権を奪ってしまった。

玄侑　確かにそういう面はあるのでしょうね。わたしが僧侶になりたての頃は、たとえば目を見開いたまま亡くなった仏さまの、目を閉じる方法なども習いました。小皿に水を入れ、木綿糸を何重にも折り揃えて目に載せるんです。現場で仏さまに直接接する機会も多かったのです。しかし今やそれも死化粧やエンバーミングの専門家が、葬儀業者の手配で行ないます。ラクにはなったのですが、仏さま（ご遺体）から遠くなってしまいました。

もし、そうだとしたら、わたしたち互助会には大きな責任があります。ましてや、わが社の創業者たる佐久間進は初の業界全国団体である一般社団法人全日本冠婚葬祭互助協会（全互協）の初代会長であり、互助会事業を法制化して業界発展の基礎を築いています。さらには、島田さんも『葬式消滅』で指摘しているように、日本で初めて大型の総合葬祭会館を作ったのも、わが社とされているのです。

わたしは、わが社には「無縁社会」を「有縁社会」に変える、いや戻すという責任があると思っています。わが社は地域住民の絆をつくる「隣人祭り」の開催をサポートしてきましたが、その意味がやっとわかりました。わが社には、さまざまな「縁」にあふれた日本社会を再生させる使命と責任とがあるのです。

玄侑　日本の葬祭業の、トップランナーによる頼もしいご発言ですね。何事も、大きな変革には功罪がせめぎ合うものだと思いますよ。元々山伏たちが担っていた仕事を引き受けてくれたのも葬祭業者ですし、その点では大いに僧侶側も助けられました。地縁によって担われていた葬儀での協力も、世の中の「個人化」の流れのなかできっと歓迎されたことでしょう。結果的にコミュニティの力を奪う方向にはたらきましたが、それもきっと歓迎される時代だったのだと思います。独り葬祭業者の責任とばかりは言えないはずです。ただ、今のように葬祭業者が力を持ってしまうと、業者さんの意識次第で事態は大きく変わると思います。

一条　そうですね。冠婚葬祭互助会の存在が社会的に大きな意義を持ったことは事実だと、今でもそう思います。たしかに冠婚葬祭互助会が「血縁や地縁の希薄化」を招いてきたという可能性は否定できないとしても、戦後に冠婚葬祭互助会が成立したのは、人々がそれを求めたという時代的・社会的背景があったはずです。そうでなければ互助会はビジネスとして成立し得なかったからです。

もし冠婚葬祭互助会が成立していなければ、今よりもさらに一層「血縁や地縁の希薄化」は深刻だったのかもしれません。つまり、敗戦から高度経済成長にかけての価値観の混乱や、都市への人口移動、共同体の衰退等のなかで、何とか人々を共同体として結び付けつつ、それを近代的事業として確立する必要から、冠婚葬祭互助会は誕生したのです。

ある意味で、互助会は日本社会の無縁化を必死で食い止めてきたのかもしれません。しかし、それが半世紀以上を経て一種の制度疲労を迎えた可能性があります。

玄侑　そういうことかもしれませんね。わたしはつい、「農協（現在はＪＡ）」を想ってしまったのですが、あの組織も農家が一様に貧しかった時代には本当に有用な存在でした。東南アジアでは今もそんな農協が存在しますが、種代や肥料代を、収穫前に立て替えてくれるんですね。農家はそれを収穫後に返せばいい。しかし今の日本の農協は、明らかに制度疲労ですし、どういう立ち位置をとろうとしているのかが見えない。

一条　農協も互助会も、いわゆる「ボランタリー・エコノミー」の一種です。ボランタリー・エコノミーは「自発する経済」と訳されますが、平たく言うと、ボランティア活動と経済活動の融合です。ボランタリー・エコノミーは教育からNPO活動まで、基本的には「すすんで人の役に立つ」ということでお金が回るというしくみですね。強いものが弱いものを支配するとか保護するというモデルではなく、相互に関係がつながることがボランタリー・エコノミーの力です。

近代に登場した赤十字、YMCA、協同組合、幼稚園などはみんなボランタリー組織でした。そして、日本の共同体にはもともと「結」や「講」といったボランタリー組織が存在しました。この「結」や「講」こそ、互助会のルーツです。互助会はボランタリー・エコノミーそのものなのです。

その互助会が制度疲労を迎えたのなら、ここで新しい制度を再創造しなければなりませんね。すなわち、今までのような冠婚葬祭サービスの提供だけにとどまらず、互助会は孤独死を防ぐ「隣人祭り」や、うつ病・自死を防ぐ「グリーフケア」や、各種の儀式イノベーションを行ない、新しい社会的意義のある価値を創るべきと考えます。

玄侑　すでに実践されていることでもあるでしょうし、頼もしいかぎりです。どだい、われわれは、二人三脚で協力し合っていく関係なのですし、より幅広い葬祭文化構築のために、今後もご活躍ください。わたしもあくまで地域に根ざした葬儀を地道に続けていきます。

今ごろこんなことを言ってすみませんが、人の死を「不幸ではない」と仰る一条さんの発言は、孔子の弟子というより、わたしの好きな荘子に近いですね。荘子は奥さんが亡くなったとき、直後はうろたえたものの、まもなく盆を叩いて歌いだします。そしてそれを批判する恵施に向かって、四季の巡りと同じなのだし、せっかく天地という巨大な部屋で休もうとしているのに、泣き叫ぶのは天命に反するから泣きやめたと言います。天地と宇宙も重なりますが、わたしはこの、泣いたけど泣きやめたというのが好きなんです。できれば儀式を通じて、その両方に関係できればと思っています。

一条　過疎化や檀家の減少などで廃寺も増え、日本の寺院の数は減りつつあります。しかしつい一昔前までは、お寺で葬儀を行なうのが当たり前でした。そんな時代に父である佐久間進は一九七八年に小倉紫雲閣という大型セレモニーホールの第一号といわれている大型会館を建てました。その後、セレモニーホールでの葬儀も一般化しましたが、わたしはそのころから、「セレモニーホールが、〝お寺化〟していくのではないか？」と感じていました。

お寺には僧侶という宗教者がいますが、今はセレモニーホールにも宗教者が来てくださいます。わたしは、お寺とセレモニーホールの決定的な違いを、「グリーフケアがあるかどうか」だと考えています。これまでは、わたしたち互助会などが運営してきたセレモニーホールでは、葬儀を終えればそれでご遺族との関係は終わりでした。一方でお寺は、その後も一周忌やお盆の際にご遺族と関係を持ち続け、心の交流が行なわれています。それもまた、グリーフケアの一環です。だからこそ、わたしは、互助会もグリーフケアに取り組むべきだと考えているのです。なにも、わたしは、互助会がお寺に取って代わろうと考えているのではありません。そこには「宗教性」という最大の壁があり、そのような不遜なことは一ミリも考えておりません。そうではなく、むしろ互助会はお寺と補完し合いたい、支え合いたいと考えています。そして、「葬式仏教」という世界に誇るグリーフケア文化を継承し、発展させていくことがわたしの願いです。

戦後八〇年と薄葬化

一条　最近、僧侶の方々の法話の質が下がってきているといいますか、感動するお話が少なくなった気がします。

玄侑　耳の痛い話です。研修などを行なってはいますが……逆に葬祭業の方々も、以前と比べ何か非常にビジネスライクに考えておられる印象は強くて。

一条　そうですね。「直葬」の言葉に代表されるように簡略化が進む流れにあり、社会的に影響力がある方が亡くなっても葬儀ではなく「お別れの会」が増えてきています。「０《ゼロ》葬」という言葉も生まれました。通夜も告別式も行なわずに、遺体を火葬場に直行させ焼却する「直葬」をさらに進め、遺体を焼いた後、遺灰を持ち帰らず捨てるのが「０葬」です。

玄侑　葬式不要論もありますね。

一条　はい。葬式不要論を唱える人がいるのは知っていますが、わたしは葬儀という営みは人類にとって必要なものであると信じています。故人の魂を送ることはもちろんですが、葬儀は残された人々の魂にも生きるエネルギーを与えてくれます。

葬儀という「かたち」は人間の「こころ」を守り、人類の滅亡を防ぐ知恵だと思います。葬式は社会にとって必要なものであり、日本人の「こころ」に必要なものです。葬儀によって、有限の存在である「人」は、無限の存在である「仏」となり、永遠の命を得る。これが「成仏」の真の意味であると考えています。葬儀とは「不死」のセレモニーなのです。しかし、葬儀の簡略化、すなわち「薄葬」化の流れは止まりません。

二〇二五年は終戦八〇年になりますが、昭和二〇年、敗戦の直前に「日本民俗学の創始者・父」と呼ばれる柳田國男は名著『先祖の話』を著しました。同書で柳田が危惧したことは、敗戦によって、日本人の「こころ」が分断されてズタズタになることでした。それから八〇年を経て、日本人の自殺、孤独死、無縁死が激増し、葬儀もしない「直葬」も増えているわけです。

玄侑　死への対応、というか、死そのものがどんどん軽んじられているわけですね。言い換えれば感動的な葬儀に臨席した経験がないのでしょうね。残念なことです。

一条　はい。先ほども申し上げましたが、「色即是空」の「色」は「式」に通じるのではないかと思っています。葬儀という儀式は、「縁」や「絆」といった目に見えないものを目に見せてくれます。可視化ですね。

玄侑　式といえば、じつは今回の対談の前に、現妙心寺派新管長の晋山式《しんさんしき》に参列したのですが、その儀式には大いに感動しました。

一条　ほう、どんな儀式ですか。

玄侑　セレモニーには司会がいて、滞りなく進行して終わるのが一般的ですよね。その会には司会がいないんです。人の移動の指示はありますが、着坐すると後は何もない。何をやったか。要は香語を唱える。香を焚いて漢詩を唱えるわけです。折に触れ香は漂ってくるものの、およそ四〇分間、周囲は無言です。

一条　無言ですか。

玄侑　約五〇〇人が何の指示もないまま、式に参加する。司会進行はあえていえば「香」ですね。香に導かれる。

一条　四〇分間もの長い時間を無言のままの僧侶の方々を想像すると、ちょっと怖くなりますね。（笑）

玄侑　ええ。それこそ僧俗ともに、香りの因陀羅網に包まれるようでしたね。

法要の簡略化について

一条　この機会にお聞きしたいことがありまして、葬儀の当日に初七日の法要もすませることが常態化していますが、それについてはどうお考えですか。

玄侑　今はほとんどがそうですね。これはいわゆる「精進落とし」というんですか、故人を偲んで参列者の方々へ食事を提供する。それが初七日が済まないとできない、という慣習によります。平安時代は四九日まで潔斎《けっさい》したようですが、鎌倉時代になると四九日まで働かず特別な暮らしをするなんて、貴族くらいしかできない、となって七日に短縮されるわけです。七日間は歌舞音曲をしない、魚鳥の捕獲もしない、生臭も食べない。ただし七日に縮めただけでは申し訳ないということで、年忌法要というのを考えだします。七日しか潔斎しない代わりに、ずうっと忘れずに法要をします、というわけです。

現代では、その七日も待てなくなったのですね。遺族の方々はお礼を兼ねて、酒や肉・魚もふるまいたい。初七日の法要を済ませればそういうことが可能だという知恵なのでしょうね。

一条　なるほど、知恵ですか。

玄侑　まぁ方便ですね。きちんと昔どおり潔斎生活をしているのは天皇家くらいじゃないですか。

一条　本来、「初七日」とは命日を含めて七日目の法要ですよね。以後、七日ごとに法要が営まれ、命日から数えて四九日目に「四十九日」の法要を営む。なぜ、七日ごとに法要が営まれたのか。玄侑先生をお相手にそれこそ「釈迦に説法」ですが、それは、亡くなった人に対して閻魔大王をはじめとする十王からの裁きが下され、四九日目に死後に生まれ変わる先が決められるという信仰があったからですか。

玄侑　はい。故人が地獄、餓鬼、畜生、修羅などの世界に堕ちることなく、極楽浄土に行けることを祈って法要が行なわれたわけです。閻魔大王が登場するのは三五日目ですね。「四十九日」の法要までが忌中で、神社への参拝や慶事への出席などは遠慮する習わしです。

しかし、現代社会では親類も遠くに住んでおり、仕事などの都合もあって、七日ごとに法要するのが困難になってきました。まぁお寺の規模によっては、毎週では大変すぎるという事情もあったかと思いますが……。

一条　「初七日」はまだしも、葬儀の日に「四九日」の法要まで済ませてしまう方もいます。それは合理的な考え方かもしれませんが、伝統的に信じられてきた閻魔大王たちの裁きのスケジュールを人間の都合に合わせてしまうことでもあり、じつは仏教の教義から言えば、トンデモないことですよね。

それこそ実際の裁判での被告が、裁判長に対して「自分は忙しいので、一審、二審、三審を同じ日にやってくれませんか」と要求するのと同じではないでしょうか。それでも、四九日の法要もよくできたシステムだと思います。システムというとドライな感じがしますが、悲しみを軽減する時間を七週間としているわけですよね。

玄侑　はい。インドの聖数七の二乗ですね。グリーフケアの面からも、わたしもちょうどいい期間だと思います。死者が陽から陰の世界に移りゆくわけですが、その間が「中陰」ですから、四九日は「満中陰」とも言われます。死別の悲しみを時間が完全に解決してくれるわけではありませんが、日常の生活に戻る区切りとして考えられたものだと思います。

一条　わたしもグリーフケアの活動を通じて、悲しみというものはそう簡単には癒えないものだということを痛感していますが、区切りとしての七週間は次へ歩みだすきっかけになりますね。

玄侑　ちなみに「人の噂も七十五日」の七五日の意味はご存じですか。

一条　わたしは存じ上げませんが、たしかに七五日というのは中途半端な気もしますね。

玄侑　これは一年三六五日を四つの季節で割ると、約九一日余りになります。その前後が移行期間の「土用」で、これが一六日ずつあります。九一から一六を引いて七五日。つまりどの日から数えても七五日後は次の季節に入っているわけです。「季節も変わったのに、まだ同じ噂話をしている」という意味なんです。四季の移ろいは人の気持ちも大きく変えてくれますよね。

一条　なるほど。数字には根拠がありますね。仏教には、他にも月命日とか年忌法要などがあり、数字がつきものですよね。考えてみると、人生の区切りとしての通過儀礼そのものが数の世界です。七五三をはじめ、二〇の成人式、六一の還暦、七〇の古希、七七の喜寿、八八の米寿と、長寿祝いは百の上寿まで続きます。人は死ぬまで、また死んだ後も数と関わってゆくのだと痛感します。

その数字を目に見える儀式にするのが「冠婚葬祭」です。冠婚葬祭業でいろいろなしきたりや年中行事に関わりますと、つくづく科学的といいますか、合理的だなと実感します。

玄侑　そうですね。ちなみに、百八歳が「茶寿」、百十歳が「椿寿」ですから、その辺を目指していただきたいものです。

一条　そうか、「人生一〇〇年時代」は上寿が目標ではなくて、茶寿や椿寿を目指さないといけませんね。これは、なかなか大変です。（笑）

仏教には正典がない？

一条　仏教にはカノンといいますか、正典がありませんよね。

玄侑　たくさんあるといいますか、膨大すぎるわけです。僧侶でさえ長い時間をかけて修行というカタチで学ぶわけで、庶民が娑婆に暮らしながら全部学べるわけがない。そこで分野を限る、そんなことが行なわれてきました。比叡山は総合的な仏教を学ぶわけですが、これは時間がかかりすぎるんですね。

一条　総合性のある天台宗は、いわば仏教のデパートですよね。他の宗派は専門店という感じですか。

玄侑　デパートと専門店という言い方もできますが、まあ、職人がいっぱいという感じですかね。仏教の目的が救済のための教えということであるならば、教えの一部を切り取ってもいい、そんな発想になったのでしょう。

一条　英断ですね。

玄侑　はい。たとえば坐禅にしぼる、特定のお経にしぼる、という風に専門分化していきます。たとえば法然さんは「南無阿弥陀仏」を一日七万回も唱えたといいます。親鸞さんはそれを二、三遍でいい、などというわけです。究極はブックタイトルだけ唱える形まで登場します。

一条　ブックタイトル？

玄侑　お経の表題です。「妙法蓮華経」、それに「南無」を冠して唱えた。

一条　びっくりですね。

玄侑　すばらしい改革。発明です。

一条　それにしても、仏教のお経は多いですね。

玄侑　一説に五〇四八巻とも言われます。仏教が勉強しにくいと言われるのは、一つには経典が多すぎること。それはもう浜の真砂ほども、と言っては失礼になりますが、とにかく何か仕事をしながら読もうなんて芸当のできる数ではありません。僧侶などという雑用の多い仕事をしていたらなおさらです。インドから伝来したお経の多さに驚いた中国人ですが、その注釈書を書いてさらにそれを複雑多岐にしてしまいました。また「偽経」と呼ばれる中国産や日本産のお経も加わります。だからそのすべてに精通することを諦め、焦点を絞っていこうという態度から宗派の別が生まれました。

『般若心経』の位置づけ

一条　『般若心経』はいかがですか。仏教には根本経典のようなものは存在しないとされますが、あえていえば、『般若心経』が「経典のなかの経典」と表現されることが多いですね。

玄侑　確かに古代よりアジア全土で広く親しまれてきました。日本においても、戦時中に仏教各派が合同法要を営もうとしたとき、一緒に読める唯一の経典として『般若心経』の名前があがったことがあります。しかし、浄土真宗が強硬に反対して、この企画じたいが立ち消えになったといいます。

なぜ、浄土真宗が反対したか。それは、『般若心経』が「空」の思想を説いているからですよね。浄土真宗は、阿弥陀如来は絶対的な存在であるという考えに立ちます。それが、絶対的な存在など何もないという「空」の思想と矛盾するわけですね。もともと仏教そのものが「空」を根本原理とする宗教であるはずですが、浄土真宗のなかでは、阿弥陀如来によって浄土を約束されるという信仰に変容しているのでしょう。

それはさておき、『般若心経』における「空」の思想は中国仏教思想、特に禅宗教学の形成に大きな影響を及ぼしました。玄奘《げんじょう》による漢訳『般若心経』が日本に伝えられたのは八世紀、奈良時代のことです。遣唐使に同行した僧が持ち帰ったといいます。以来、一二〇〇年以上の歳月が流れ、日本における最も有名な経典となりました。

ところで親鸞さんは、景教つまりキリスト教のネストリウス派の教えを知っていたのではないか、と言う人もいます。ネストリウス派は、神より上に光を置いたので、異端とされましたが、アミターバという無量の光を崇める浄土真宗は、ある意味でネストリウス派に似ているとも見えます。その辺が「空」を唱える『般若心経』に抵抗した浄土真宗の意図でしょうか。

実際、日蓮宗や浄土宗、浄土真宗などは日常ほとんど『般若心経』は唱えないと思います。すべての仏教宗派に共通のお経はない、というのが実情ですし、もしもどうしても同じものを唱えようとすると、たとえばパーリ語の「三帰依」などになるのではないでしょうか。

また、『般若心経』というお経は、誤解されやすいお経でもあります。特に西洋の人々にとっては、夥《おびただ》しい「無」や「空」という言葉が、彼らの依拠する「個」を次々におびやかします。あのお経で世尊が提出したのは、理知によらない体験的な「知」の様式ですが、世尊はそれを「般若」と呼びました。これはサンスクリットでは「プラジュニャー」、パーリ語では「パンニャー」といいますが、この「パンニャー」が音写されて「般若」になりました。そして「般若」のとらえる「全体性」は、無常に変化しつつ無限の関係性のなかにあり、それは絶えざる創造の場です。そこでは、われわれの成長に伴って確立されるという自立した「個」も、錯覚であったと自覚されます。そして自立した「個」を措定していたことこそが「迷い」や「苦しみ」の元であったと知るわけですから。

西洋的自己にすれば堪りませんよね。「個」の錯覚が元になった自己中心的な世界の眺めは、「般若」の実現で一変するのです。そして絶えざる変化と無限の関係性が「縁起」として実感され、あらゆる物質も現象も、「空」という「全体性」に溶け込んだ「個」ならざるものとして感じられる。そのとき人は、「涅槃《ねはん》」と呼ばれる究極の安らぎに到り、また「しあわせ」も感じるということなのでしょうね。それがたった二六二文字で語られるって、あまりに危険じゃないですか。

一条　なるほど、『般若心経』は危険思想である、と。

玄侑　ですからわたしは、お葬式とお盆には『般若心経』は唱えません。

一条　そうですか。ダライ・ラマ一四世は『般若心経』について、ことあるごとに「日本では、この経典は亡くなった人のために葬儀の際よく朗唱されます」と述べています。すべての宗派の葬儀で『般若心経』が読誦されているわけではありませんが、曹洞宗や真言宗などでは読誦されていますね。

考えてみれば、一般の日本人にとっては、『般若心経』のお経そのものが宗派を超えて葬儀を連想させるものとなっています。

『般若心経』とは、多くの日本人にとってブッダのメッセージそのものなのかもしれませんね。そして、そのメッセージとは「永遠」の秘密を説くものであり、「死」の不安や「死別」の悲しみを溶かしていく内容であるという気がします。「老いる覚悟」と「死ぬ覚悟」、そして、「やすらぎ」と「しあわせ」を自然に得ることができるお経だという気がします。

玄侑　いま、「しあわせ」と言われましたが、『般若心経』という経典は、すべてが理知によって解釈されるはずだという科学主義に対し、「しあわせ」あるいは「いのち」というリアリティーはそうではないのだと、いわば真っ向から挑戦状を突きつけているわけです。

仏教の精密かつ哲学的でさえある認識を、含みつつ超える道を示し、理知とは別な「知」の様式を示そうとしたのだと思います。世尊は弟子たちのいくつかの質問に沈黙をもって答えたとされ、それは「無記」と呼ばれていますが、このことの真意もそういうことだった気がします。弟子たちを導こうとしている「目覚め」の体験からすれば、合理的な説明や議論がかえって体験を妨げることがあることを、世尊は熟知していたのでしょう。人間がいかに言葉の意味にさらわれ、合理性に絡めとられやすいかを、きっと世尊や、同時代の老子や荘子はつくづくご存じだったのだと思います。

解釈への違和感?

一条　玄侑先生の大ベストセラーである『現代語訳　般若心経』(ちくま新書)はわ

が愛読書で、何度も繰り返し拝読しました。『般若心経』に深い関心を抱くようになり、自分でも『般若心経　自由訳』（現代書林）を書きました。

玄侑先生の『現代語訳　般若心経』は別として、日本人による『般若心経』の解釈の多くには違和感をおぼえます。なぜなら、その核心思想である「空」を「無」と同意義に捉え、本当の意味を理解していないように思えたからです。

わたしは、「空」とは「永遠」という意味ではないかと考えています。「０」も「∞」もともに古代インドで生まれたコンセプトですが、「空」は後者を意味したように思えてなりません。「空」とは実在世界であり、あの世ではないでしょうか。「色」とは仮想世界であり、この世だという気がします。

『般若心経』には、「色即是空　空即是色」という言葉が出てきます。この解釈については多くの説がありますが、わたしは「空」とは実在世界であり、あの世であると考えました。「色」とは仮想世界であり、この世であると考えました。

玄侑　さらりとおっしゃいましたが、「空」が実在で「あの世」、「色」が仮想で「この世」という認識は、日常感覚からすんなり出てくるものではありませんよね。その実感を持つというのは、なかなか大変なことだと思いますよ。『般若心経』は物語というより論文のようなものですから、確かにそういう解釈は可能だと思います。私も時に棺の蓋に「色即是空」と書くこともあります。その場合、目には見えなくなるけれど、微塵に分かれて拡散するけれど、地球上からいなくなりはしない、というような話をしますね。

一条　『般若心経』にこだわるようですが、最後に出てくる「羯諦《ぎゃあてい》羯諦《ぎゃあてい》」が『般若心経』の最大の謎であり、核心であるといわれています。古来、この言葉の意味についてさまざまな解釈がなされてきましたが、わたしは言葉の意味はなく、音としての呪文であると思いました。そして、「ぎゃあてい　ぎゃあてい」という古代インド語の響きは日本語の「おぎゃー　おぎゃー」、すなわち赤ん坊の泣き声に似ていることに気づきました。人は、母の胎内からこの世に出てくるとき、「おぎゃあ、おぎゃあ」と言いながら生まれてきます。

「はらあぎゃあてい　はらそうぎゃあてい　ぼうじいそわか」という呪文は「おぎゃあ、おぎゃあ」と同じことではないでしょうか。すなわち、亡くなった人は赤ん坊と同じく、母なる世界に帰ってゆくのです。「あの世」とは母の胎内にほかなりません。だから、死を怖れることなどないのです。死別の悲しみに泣き暮らすこともありません。なぜなら、「この世」を去った者は、温かく優しい母なる「あの世」へ往くのですから。

玄侑先生に対して向かって『般若心経』について語るなど、「釈迦に説法」のきわみですが。

玄侑　いやいや、面白いですよ。立花隆さんの『臨死体験』では、万国共通のイメージとして、暗いトンネルを抜けて光の世界に出る、というのが示されました。そのあとの川とかお花畑、白象などは文化的背景によって違う、ということでしたよね。

最近、この「暗いトンネル」とは、もしや生まれてくるときに通った産道の記憶ではないか、という説が出てきたんです。人間の脳に蓄えられた記憶は、たとえば死の間際に「走馬灯」という形で甦ることがあります。わたしも七メートルほどの木から落ちたときに見たのですが、それは驚くべきものでした。おそらく「これは死ぬな」と思うことでスイッチが入ったのでしょうね。

幸いわたしはまだ元気ですが、本当に死に直面したときにはさらに深い記憶が甦るのではないでしょうか。産道を通ったときの、本人も覚えていない無意識の記憶が甦ることもあるような気がします。

だとすれば、今の話も納得できます。「おぎゃあ、おぎゃあ」はわれわれの出発点であり、しかも帰るべき場所なのでしょう。老子は万物の生まれ出る場所を「玄」と呼んでいますが、それは産道のことかもしれませんね。

葬儀のイノベーション

一条　わたしは儀礼文化の継承というものを大事にしていますが、儀式にも多様性があってよいとも考えています。というより、儀式の継承には「初期設定」とともに「アップデート」が欠かせないと思っています。それで、わが社では葬儀のイノベーションを手掛けてきました。

玄侑　たとえば？

一条　たとえば、出棺の際の霊柩車のクラクションです。葬儀の参列者の一人としても、運営する立場からも違和感を持っていました。

玄侑　長く鳴らしてますよね。別れの余韻というか。

一条　はい。それを鐘の音に変えました。「禮鐘《れいしょう》の儀」、葬儀での出棺の際に霊柩車のクラクションを鳴らさず、鐘の音で故人を送るセレモニーです。現在、日本全国の葬儀では霊柩車のクラクションによる「野辺送り・出棺」が一般的です。大正時代以降、このかたちが社会全体に広まり、現在に至るまで当たり前のように出棺時に霊柩車のクラクションが鳴らされています。

玄侑　ええ、そうですね。

一条　このクラクションを鳴らす行為には、車輌を用いた野辺送りが一般的になる以前に行なわれていた、ご遺族・親族・有縁の者が葬列を組んで鐘や太鼓の音とともに墓地まで野辺送りをする際の名残りなどの諸説があります。現在の出棺時に鳴らされる霊柩車のクラクションじたいに特に大きな意味はないわけです。一般的には

〝別れの合図〟や〝弔意を表すための弔砲がわり〟や〝未練を断ち切るための音〟などとして認識されています。

たとえば、船舶における汽笛は出航時や帰港時、航海中の安全のために鳴らします。また、船舶にはマリンベル（号鐘）と呼ばれる鐘が必ず設置されています。これは日常的には時間を知らせるために使用されています。緊急時における使用もありますが、航海中に死人が出た場合の〝水葬〟を執り行なう際にもこの号鐘が鳴らされます。

わが社のセレモニーホールでは、昨今の住宅事情や社会的背景を考慮し、出棺時に霊柩車のクラクションを鳴らすのではなく、禮の想いを込めた鐘の音による出棺を提案しています。使用する鐘は、宗教に捉われない鰐口《わにぐち》を使います。

また、わが社独自のオリジナル出棺作法として、三回叩く「三点鐘」による出棺とします。この三回というのは「感謝」「祈り」「癒やし」の意味が込められています。

玄侑　一条さんは、葬式のクリエイターですね。わたしのなかでは、出棺のときの長いクラクションは、どうしても船出のときの汽笛のイメージですね。お坊さんが亡くなると、その葬儀は「津送《しんそう》」と言って、港から送りだす意味の言葉になります。船出して、今度は向こうへ遷って教化するという意味で、僧侶の死は「遷化《せんげ》」と呼ばれます。一般の葬儀の形式は僧侶の葬送法を踏襲している面が多々ありますので、そう思ってしまいますね。

でも、「禮鐘」とは西洋の教会の鐘のようなものかと思ったら、鰐口ですか。一度聞いてみたいものですね。

仏教に感じる「豊かさ」

一条　そろそろ葬儀という儀式に話を戻しましょうか。

ぜひ、玄侑先生にお経の功徳について伺ってみたいですね。わたしも多くの儀式を拝見し、いろんな宗派のいろんなお経をお聞きしましたが、このバラエティの豊かさについてはどのようにお考えですか？

玄侑　それこそ仏教の面目ではないでしょうか。
　山に登る道はおそらく多数あるでしょうし、一つの道が特定の「色」だとすればそれを絶対視しないことも「色即是空」です。

一条　そうは言いましても、現実にはどうしてもどれか道を選ばなければならない場合もありますね。そうしないと一歩も前に進むことができない。

玄侑　確かにそうですね。しかし基本的には「縁に従う」でいいんじゃないでしょうか。菩提寺があればそのお寺の宗派、なければ仲良しの親族の宗派を頼ってもいいと思います。宗派によって唱えるお経は本当に違いますが、儀式における読経は、要は三昧の時を過ごすための時空を提供するようなものです。言葉というより、それは音の連なりと言ってもいい。
　本来、お経は思想を提出した論文であったり詩であったり物語であったり、いずれにしてもその意味こそ重要なものでした。しかし、お経というものが編纂された当初から、人々はそれを声に出して唱えることの効用を意識してきましたし、そのためのリフレインなども初期経典から多数あります。

一条　お経とは、繰り返すものなのですね。

玄侑　世尊は禅定にとって最も重要なのは呼吸の制御だと言っていますが、なるべく長く均等に息を吐いて大きな声を出し続け、速やかに吸うという読経の呼吸法は、自らを無意識のうちに禅定へと運ぶ乗り物です。むろんその考え方の延長に「南無阿弥陀仏」や「南無妙法蓮華経」という称名や唱題も生まれました。

確かに聴いている人からすれば飽きもするでしょうし眠くもなるでしょう。しかし本来、お経を単に聞いているだけの人というのは想定されていなかったのです。葬儀や法要がお寺で執行され、そこにお経の意味をまったく知らない人が大勢いるという今のような状況は、後代に発生した予想外の出来事ですよね。一度聞いただけで内容がわかり、しかも誰の葬儀にも使える言葉など、どんな文学者でも創作できないに違いありません。

たとえ書き下しにしてある程度意味がわかるものが喜ばれるにしても、それはある程度だからでしょう。そして意味が完全にわかったと思えたら、すぐに飽きます。唱えるほうも聴くほうも、音によってつながっていく。それでいいのだと思います。

太く深い川を一緒に流れていく感じでしょうか。

一条　よく理解できます。ありがとうございます。

お経の意味

玄侑　どんなお経でもいいですが、読経というこの一見理知的でなさそうな、意味を離れた世界に踏み込んでみることが、まずは仏道の始まりかもしれませんね。普段理性的にロジカルに生きている人にはなおさら、読経を始めるには度胸が要るのではないでしょうか。（笑）

「意味」というのも考えてみればロジックという形ある「色」です。思い切って無意味の海、いや「空」に泳ぎだすことをお勧めする次第です。

物理学ではクォーク（物質を構成する基本的な粒子）に対する反クォーク、電子に対する反電子、あるいは物質に対する反物質というものまで措定され、それらは密接不可分に絡み合ったり離れたりすると考えられているわけですが、この相反するものどうしの邂逅と離反によって世界を感じとる仕方は、じつは『大乗起信論』以降、少なくとも六世紀以後の仏教思想においては常識化していたものです。

一条　「色」と「空」も言ってみれば一つの現象に対する相補的な見方ですが、それだけでなく『大乗起信論』では、アーラヤ識（阿頼耶識）にも「妄」と「真」の双面を見ようとし、また衆生心にも煩悩だらけの心とそれが昇華された「自性清浄心」の双方を認めていますね。そのうえで、アーラヤ識を「真」と「妄」とが最終的に「和合」すべき「和合識」と呼びます。悟りの境地に現れる「真如」も、じつは「妄想」があればこそ実現したと見るとして……。

玄侑　一条さん、凄いですね。これは世の中に対する一元的な見方を否定し、むしろ矛盾をきたす両面性があるからこそダイナミックであり、エネルギーも生まれるという考え方でしょう。仏教の力強い明るさが、ここでは躍如《やくじょ》としています。

一条　恐縮です。戒律についてはいかがですか？

玄侑　戒律というのはある意味、坂道を上るための杖、あるいは暗夜を進むための明かりのようなもので、そこを行き過ぎればいつまでも抱えている必要はない、という考え方もあります。小さな戒律についてはそれでいいと思います。おそらくは「拠り所とすべき自己」ができるまでの、期間限定で必要な「よすが」のようなものでしょう。ただ、自分の内実を変え、拠り所にできるものに変化させるには、それなりの繰り返しが必要です。量質転化の不可逆点に辿り着くには時間がかかるわけです。

こんな道歌があります。

「掃けば散り　払えばまたも　塵積もる　人の心も　庭の落葉も」

そう思えば、ある種の戒律は、常に掲げておくべきかもしれませんね。あの良寛さんも「戒語」を残しています。

ただ「庭の落葉」の何がいけないのか、という立場もあるわけで、その辺は五祖弘忍禅師の元で神秀と慧能の考え方が分かれた部分でもあります。鏡の塵を毎日払うべきか、それとも鏡など始めからないと思っていいのか……。難しいところですね。

一条　夢のような戒律は「誓願」と呼ばれますよね。決して踏み越えることはできませんが、誓願した以上は「絶対叶わない」とは言えないのですね。

玄侑　願わないことは叶わないが、願ったことはたとえ万に一つではあっても叶う可能性がある。そこに最終的な「信」が置かれる。その「信」こそが、人を美しく荘厳にするのだと思います。

第5章
仏教と現代社会

目標を持つことはいいこと？

一条　『現代語訳　般若心経』で玄侑先生は、「空」は命であり、「色」は命を解釈した言葉ではないかと喝破されました。非常にシンプルでわかりやすかったです。

玄侑　今の世の中は、言葉という情報が過信された状態だと感じます。情報はむろん言葉だけじゃありませんが、『聖書』の「ヨハネによる福音書」にも「初めにコトバがあった、コトバは神と共にあった」と書かれています。

言語学者の井筒俊彦先生（一九一四〜一九九三年）は「言語阿頼耶識《あらやしき》」という新たな概念を創案されましたが、それほどに言葉の影響力、浸透力は大きい、ということでしょう。

本来、全体性のなかで分けられないものを無理やりに分節化するのがコトバです。光が渾沌を分けて形を与え、それをさらにはっきりコトバで分断するわけですね。

たとえばアリの体も、頭、胸、胴などと名づけますが、それぞれが単独で存在できるような錯覚を生みます。しかしじつはアリは常に全体としてしか存在できない。それをもっと広く、あらゆる生き物、いわば衆生について感じ取ったのがブッダだったのではないでしょうか。「空」とは分けられない全体性と考えてもいいような気がします。

コトバの弊害は、それが「目的」化すると大きくなります。

一条　いわゆる「覇権主義」に関わっているのでしょうね。

玄侑　「目的合理性」と言いますが、おっしゃるとおり、これは「覇権主義」につながります。国などの組織が目的を強く持ちすぎると、そのためには手段を選ばず、邪魔者も排除する方向に進みます。「目的合理性」というのはドイツの社会学者ユルゲン・ハーバーマスの言葉ですが、彼は第二次世界大戦があれほどの悲惨に向かったのはそのせいだと言っています。非常時で、しかもはっきりした目的に向かっていれば、すべては「しようがない」となるのでしょう。アメリカのトランプ大統領にもその危険性は感じますね。「Make America Great Again」という目標はちょっと怖い。

一条　第二次世界大戦当時の国立大学の医学部や海軍兵学校に入っていた人は数学の成績が良かったそうですが、「理系偏重」というものもありますよね。

玄侑　はい。今は「リケ女」とか、ソフトな言い方をしていますが、合理性への抜きがたい信仰を感じますね。

原発被害にあった福島では、福島をはじめ東北の復興を実現するための夢や希望となるようにということで、福島国際研究教育機構、通称 F-REI：エフレイが作られました。国家からのお詫びという形ですね。

我が国の科学技術力・産業競争力を牽引し、経済成長や国民生活の向上に貢献する、世界に冠たる「創造的復興の中核拠点」を目指すということですが、ここでは軍事の研究もできます。しかも学位を出すと言っています。たとえば最新のドローンなども研究されていますが、ウクライナやイスラエルを見てもわかるように、ドローンはもはや立派な武器ですよね。

一条　理系が持ち上げられ、そんな研究をしている。かつての原子爆弾の研究「マンハッタン・プロジェクト」みたいですね。

そういえば、クリストファー・ノーラン監督の映画『オッペンハイマー』が二〇二四年三月一一日に行なわれた第九六回アカデミー賞の授賞式で七冠に輝きました。この作品、全世界での公開から約八カ月後に日本で公開されました。内容は、アメリカ陸軍による原子爆弾開発計画「マンハッタン・プロジェクト」のリーダーを務めた物理学者ロバート・オッペンハイマーの半生を描いたものです。特に試作された核弾頭「トリニティ」の臨界実験を映像的なクライマックスに据えていました。

原爆というのは世界史上で二回しか使われていません。その土地は日本の広島と長崎です。ですから、被爆国である日本の人々は、当事者として、映画『オッペンハイマー』をどこの国の国民よりも早く観る権利、また評価する権利があったと思います。実際、わたしは『オッペンハイマー』が日米同時公開されるとばかり思っていました。それが、日本だけ公開が八カ月も遅れたのは何故なのか。実際に鑑賞してみて、試作弾頭「トリニティ」の臨界実験の描写は凝りに凝ったＣＧと音響で圧倒的なインパクトがあったのですが、それが、原爆の恐怖を表現しているというよりも、開発成功を称える高揚シーンになっているように思えました。

いずれにせよ、日本人のグリーフを無視した映画がアカデミー作品賞を受賞した事実によって、日本人はセカンド・グリーフを負ったように思えます。アカデミー賞の審査員たちには、「ポリコレ（ポリティカル・コレクトネス：政治的正しさ）とか多様性とか言う前に、もっと大事なことがあるだろう！」と叫びたかったです。

玄侑　前岸田政権は閣議決定で軍備増強を決め、その後に文科省がにわかに理工農系の学部を増やすと発表しました。今後一〇〇年かけて、文系学部の多い私立大を理系に学部再編するというのですが、これはますます左脳の覇権主義を強める道です。大脳皮質によるナチズムとも言えるような、論理や推論を絶対化する社会がさらに苦しむ若者を増やすことでしょう。

コロナ禍も戦争も自殺も、じつはすべて覇権主義の産物として理解できます。戦争は旧来の覇権主義、コロナは自然への人類の科学技術による覇権主義、そして自殺は左脳の思い込みによる生命への覇権主義です。この覇権主義を解毒できるのは、やはり「空」や「華厳」の思想、つまりどんな事象も無常で無限なる関係性における仮の現れにすぎないという認識であり、多種多様の在り方が根源的な「一」という体験的実感に収斂するという考え方です。
根源的「一」というのは、わたしは「空」に置き換えてもいいと思います。ざっくり言えば、思い込んだ固い結び目のような考えは、ほどくに限る、ほどくしかない。合理性というのは、結び方の方法の一つにすぎません。

無縁社会から有縁社会へ

一条　「無縁社会」という言葉がありますが、これはおかしいですね。

玄侑　仏教の考えでは、この世はもともと「有縁社会」なんですよね。すべての物事や現象は、みなそれぞれ孤立したり、単独であるものは一つもありません。他と無関係では何も存在できないのです。すべてはバラバラであるのではなく、緻密な関わり合いをしているのです。この緻密な関わり合いを「縁」と言うのだと解釈しています。

「縁」の不思議さ、大切さを誰よりも説いたのが、ブッダです。ブッダは生涯にわたって「苦」について考えました。そして行き着いたのが、「縁起の法」ですね。縁起とは「すべてのものは依存し合っている。しかもその関係はうつろいゆく」というものですよね。モノでも現象でも、単独で存在しているものはないと、ブッダは位置づけました。この考えは、主に『華厳経』に代表される華厳思想で説かれています。

一条　わたしは、人の「縁」をいろいろな形で広げていきたいと思っています。

二〇一〇年、ＮＨＫ「無縁社会」キャンペーンが大きな話題となりました。番組は菊池寛賞を受賞し、「無縁社会」という言葉は同年の流行語大賞にも選ばれました。同年末には、朝日新聞紙上で「孤族の国」という大型企画がスタートしました。「家族」という形がドロドロに溶けてしまい、バラバラに孤立した「孤族」だけが存在する国という意味だそうです。

「孤族の国」の内容はＮＨＫ「無縁社会」とほぼ同じです。ＮＨＫへの対抗心から朝日が連載をスタートさせたことは明白ですが、「無縁」とほぼ同義語の「孤族」

という言葉を持ってくるところが何とも情けないと思いました。なぜならば、「無縁社会」キャンペーンに対抗するならば、「有縁社会」キャンペーンしかあり得ないからです。

ＮＨＫは「無縁社会」キャンペーンなどと謳っていましたが、どうも、「無縁社会」を既成事実として固定し、さらにはその事実を強化させているように思えます。そもそも現実を変えていくのがキャンペーンの意味であって、現実に追随し問題を固定化させ、強化することはキャンペーンとは呼べません。日本には「言霊《ことだま》」という考え方があります。言葉には魂が宿るという考え方です。確かに、言葉は現実を説明すると同時に、新たな現実をつくりだします。

「無縁社会」だの「孤族の国」だのといったネガティブなキーワードを流行させることは現実に悪しき影響を与える可能性が高いのです。これを日本では「呪い」といいます。いたずらに「無縁社会」の不安を煽るだけでは、人類が滅亡するというトンデモ予言と何ら変わりません。それよりも、「有縁社会」づくりの具体的な方法について考え、かつ実践しなければなりません。

わが社では、隣人祭りや冠婚葬祭のお手伝いをすることによって血縁や地縁の再生に実際に取り組んでいます。

玄侑　仰るとおりだと思います。現状を認識したうえで、それならどうするのか、という行動こそキャンペーンですよね。

日本には「予祝」という言葉があります。たとえば新年の挨拶も、べつにまだ何もおめでたいことは起こっていないのに、「明けましておめでとうございます」と言います。より良い新年にしたいという祈りですね。また今年が豊作かどうかわからなくとも、予め豊作を想定してお祭りをします。思えば仏教の祈りも、「スヴァーハ（成就した）」という現在完了形で述べられます。それこそ祈りですよね。それにしても、素晴らしい活動をされていますね。

一条　ありがとうございます。先ほどお話しした隣人祭りですが、地域の隣人たちが食べ物や飲み物を持ち寄って集い、食事をしながら語り合うイベントです。都会の集合住宅に暮らす人たちが年に一度、顔を合わせるのですが、いまやヨーロッパを中心に二九カ国、八〇〇万人が参加するそうです。

隣人祭りのキーワードは「助け合い」や「相互扶助」といった言葉です。それなら、多くの日本人は「互助会」を思い浮かべるのではないでしょうか。正しくは、冠婚葬祭互助会といいます。「互助」とは「相互扶助」を略したものなのです。

わたしはフランスで起こった隣人祭りと日本の互助会の精神は非常に似ていると思っています。二〇〇八年から日本で最も高齢化が進行し、孤独死も増えている北九州市での隣人祭りを開催しました。その後、隣人祭りをサポートしています。冠婚葬祭業は、人と人との結びつきを支えるインフラであると思っています。

現在は、グリーフケアに注力しています。そこで発見した新しい縁があります。「悲縁」です。

玄侑　ヒエン？　悲しい縁、ですか？

一条　はい、悲嘆者同士の縁です。わが社は、グリーフケアのサポート活動に取り組んできました。葬儀という儀式の外の取り組みとして、二〇一〇年に「ムーンギャラリー」というグリーフケア・サロンを作り、同時に「月あかりの会」というわが社でご葬儀を行われたご遺族の方々を中心としたご遺族の会を立ち上げました。ご遺族の会では愛する人を亡くしたという同じ体験をしたご遺族同士の交流のなかで少しでも自分の「想い」や「感じていること」を話すことができる場を提供することができました。一人一人喪失の悲嘆に対しての感じ方は異なりますが、同じ体験をしたという共通点を持ち、お互いに尊重し合い、気づかう関係性となっています。また交流を行なう場の提供により「愛する人を喪失した対処から、愛する人のいない生活への適応」のサポートにもなっていると感じています。

施設のなかではそれぞれが交流しやすいようにフラワーアレンジメントや囲碁や将棋など趣味や興味のあることが行なえるようにしており、それぞれが交流しやすい場となっています。

玄侑　そのような活動で何か気をつけておられることはありますか？

一条　はい、あります。それは、活動についてスタッフもお手伝いはしていきますが、こちら側からの押し付けにならないように、あくまでもそれぞれの自主性を大切にするようにしています。

すでに一五年近く活動を続けていますが、最初の頃に参加された方は新しく参加された方へのケアのお手伝いをするなど新しい目標を見つけ、生きがいとなっている方も増えてきています。

葬儀の現場を見てみても、地方都市においては、一般的に両親は地元に、子どもは仕事で都市部に離れて暮らす例が多く、夫婦の一方が亡くなって、遺された方がグリーフケアを必要とされる状況を目の当たりにすることが増えています。この他には亡くなった方を偲び、供養のお手伝いとして毎年地域ごとに分かれセレモニーホールを利用して慰霊祭を行ない、一周忌・三回忌を迎える方に参加していただいています。わたしは、冠婚葬祭互助会こそグリーフケアに取り組むべきであると考えています。

グリーフケアは、互助会にとってＣＳＲ（社会的責任）の一つです。かつて冠婚葬祭は、地縁、血縁の手助けによって行なわれていました。家族の形の変化や時代の流れのなかで、冠婚葬祭互助会という便利なものが生まれ、結婚式場や葬祭会館ができ、多くの方にご利用いただくようになりました。図らずも互助会は、無縁社会を進行させた要因の一部を担ってきたといえるのかもしれません。同様に死別の悲しみも、近所の方、近親者の方によって支えられてきましたが、地縁、血縁が薄くなるなかで、グリーフケアの担い手がいなくなっています。生まれてから「死」を迎えるまで人生の通過儀礼に関わり、葬儀やその後の法事法要までご家族に寄り添い続ける互助会が、グリーフケアに取り組むことは当然の使命だと思うのです。

グリーフケアには死別の悲嘆を軽減するということだけでなく、死の不安を軽減するというもう一つの目的があります。超高齢社会の現在、多くのお年寄りが「死ぬのが怖い」と感じていたら、こんな不幸なことはありません。死生観を持ち、死を受け容れる心構えを持っていることが、心の豊かさではないでしょうか。

人間は死の恐怖を乗り越えるために、哲学・芸術・宗教といったものを発明し、育ててきました。グリーフケアには、この哲学・芸術・宗教が「死別の悲嘆を癒やす」「死の不安を乗り越える」ということにおいて統合され、再編成されていると思います。特にご高齢の会員を多く抱えている互助会は、二つ目の目的においても使命を果たせると思っています。それらのミッションを互助会が果たすとき、「心ゆたかな社会」としての互助共生社会の創造につながっていくと信じています。

悲嘆や不安の受け皿の役割は、これまで地域の寺院が担ってきたと思います。

玄侑　たしかにそういう面はありますね。また地域にも、ご近所どうしで「お茶のみ」しながら語り合う習慣もありました。東北ではまだ根強く残っていますが、悲しい時にはお互い慰めにもなるでしょうし、そういった習慣が知らず知らず互助共生にも役立っていたのでしょうね。

一条　宗教離れが進み、人口も減少していくなかで、互助会は冠婚葬祭だけでなく、寺院に代わる新しいグリーフケアの受け皿ともなり得ると思っています。「月あかりの会」を運営して気づいたのは、地縁でも血縁でもない、新しい「縁」が生まれていることです。会のメンバーは、高齢の方が多いので、亡くなられる方もいらっしゃいますが、その際、他のメンバーはその方の葬儀に参列されることが多いです。楽しいだけの趣味の会ではなく、悲しみを共有し、語り合ってきた方たちの絆はそれだけ強いのです。

「月あかりの会」のようなご遺族の自助グループには、強い絆があります。そして、それは「絆」を越えて、新しい「縁」の誕生をも思わせます。この悲嘆による人的ネットワークとしての新しい縁を、わたしは「悲縁」と呼んでいるのです。

玄侑　なるほど、よくわかりました。絆ということでいえば、和語としての「きづな」の語源は、牛の鼻のなかに穴を開け、その穴に通したリングに結びつけた綱のことです。本来、これは牛を束縛するものですよね。それが「絆」の訓読みになり、いろいろな人の結びつきを表す言葉になった。

束縛であった綱が、緊急時にはセイフティネットになる。それが絆の基本的成り立ちではないでしょうか。現代の日本社会は、独りでも暮らせるように、電話も家電製品も「おひとりさま」用になり、便利さをそういう方向に追求してきました。ウザイ関係を切り捨ててきたわけですから、絆が弱まっているのは間違いないでしょうね。

寺院がなおも悲嘆や不安の受け皿でありたいとは思いますが、一条さんたちの素晴らしい活動もありがたいと思います。多方面からの活動が、やがて協力し合えるといいですね。

一条　ぜひよろしくお願いいたします。

ラオスと南方熊楠

玄侑　わたしは、絆や縁を考えさせる面白い経験を思い出しました。ちょっとお時間をいただきます。じつはラオスに行ったときにですね、今から統合失調症の患者の治療をするから見に来ませんかと誘われました。

行ってみると、患者が牛の尾をつかんで立っている。その周りを村人というか、患者の知り合いが円を描いて立っている。やがて彼らは患者と牛の周りを廻りだしたのです。

知り合いが多いと輪が二重になりますが、内側と外側は逆向きに廻るんです。廻りながら、どうもその人が患者にしてきたことを詫びているようなんです。「あのときにこんなことをしてすまなかった」と。言葉もわかりませんし、むろん誰が何を詫びているのかも判然としませんが、ただお詫びの言葉が患者を包み込むように夜の闇に響くんです。

近くには松明の火が燃えていました。その行為が治療となり、患者の病状は回復していくそうです。人と人との関わりで、人は病みもしますが、それを癒やすのも人間関係。一人では生きられない、ということを痛感した体験でした。

一条　まさに人と人とのつながり、「縁」ですね。

玄侑　南方熊楠のエピソードも「縁」に気づかせてくれます。熊楠が道である人に出逢います。聞けばその人は、子どもの頃に熊楠が剣道を習った先生の息子だった。そして親が最近亡くなったことを知ります。知らないはずの人がよく知っている人とつながっていた、というのはよく聞く話ですが、熊楠は「縁は異なもの」で終わらせず、翌日、その人の家を訪ねて先生にお線香をあげるんです。そうした行為で、「縁」は「縁起」になるのだと、熊楠は書いています。ふつうそこまではしないと思うんですが、その行為が「縁」を強めた、つまり何らかの起動力、今後への推進力を持ったわけです。「縁起」は熊楠にとっても大事なテーマだったようですね。

一条　南方熊楠が、そんな縁を大切にしていたとは。どちかといえば、縁など気にしない変人というイメージですが……。

玄侑　きっと熊楠にしか見えない世界を見ていたのでしょうね。

友引映画館

一条　話はまったく変わりますが、わが社では友引映画館というのを企画しています。

玄侑　ほう、友引に映画を上映する？

一条　ええ。友引は葬儀を行なわないので、基本的には葬祭会館は空いています。そんなセレモニーホールの有効活用を考えたわけです。空き室ならそこで映画を上映して、高齢者の方々に葬祭会館に来ていただこうと。「死」や「葬」をテーマにした映画を主に上映して、死生観を持つヒントにしていただいています。

玄侑　なるほど。それなら僧侶たちも参加できますね（笑）。

一条　わたしは、セレモニーホールというものは、コミュニティホールへ進化する革新性を併せ持っていると考えています。けっして「馴染みのない」あるいは「そのとき初めてて足を踏み入れた」場所にはするつもりはありません。コミュニティホール化への具体策としては、災害避難所として活用したり、「こども一一〇番の家」や「赤ちゃんの駅」に登録したり、薬やAEDを設置したりしています。わが社は、これまでも今までも高齢者の孤独死を防ぐ「隣人祭り」などを開催してきましたが、さらに地域の交流拠点として、各種の趣味の教室などを開催しています。そこで仲間と一緒に楽しく過ごしてもらい、最期は、そこでお葬式もするという形を提案していきます。

玄侑　なるほど。葬祭業というのは九州から始まったそうですが、さすがに先進的ですね。

一条　かつての寺院は、葬儀が行なわれる舞台でありながらも、近隣住民のコミュニティセンター、カルチャーセンターでもありました。仏教伝来以来一五〇〇年ものあいだ、日本の寺院は生活文化における三つの機能を持っていたと思います。すなわち、「学び・癒やし・楽しみ」です。その寺院の機能が衰退してきているため、セレモニーホール、あるいはコミュニティホールがその機能を担いたいと考えているのです。

まず、「学び」ですが、日本の教育史上最初に庶民に対して開かれた学校は、空海の創立した綜芸種智院でした。また江戸時代の教育を支えていたのは寺子屋でした。寺は庶民の学びの場だったのです。

次の「癒やし」ですが、日本に仏教が渡来し最初に建立された寺である四天王寺は四つの施設からなっていました。「療病院」「施薬院」「悲田院」「敬田院」の四つですが、最初の三つは、順に病院、薬局、家のない人々やハンセン病患者の救済施設であり、敬田院のみが儀式や修行を行なう機関でした。

最後の「楽しみ」とは、いわゆる芸術文化のことを指しますが、日本文化ではそもそも芸術、芸能は神仏に奉納する芸であって、それじたいが宗教行為でした。お寺を新築するときの資金集めのための勧進興行などがお堂や境内で大々的に行なわれました。

こう考えてみると、「学び・癒やし・楽しみ」は仏教寺院がそもそも日本人の生活文化において担っていた機能だったのです。しかし、明治に入って、「学び」は学校へ、「癒やし」は病院へ、「楽しみ」は劇場や放送へと奪われてしまい、寺に残った機能は葬儀だけになってしまいました。

玄侑　確かに、そうですね。わたしもそれを憂えて、副住職になるとすぐに本堂でさまざまなイヴェントを始めました。宮沢賢治の詩の朗読と古楽器の演奏とか、文楽も呼びましたし、踊りでの「十牛図」の表現も試みました。中国の胡弓や揚琴、琵琶の演奏で文化大革命の犠牲者を供養したり、このときは「施餓鬼」というお経とのセッションでしたし、これで結構果敢なイヴェント坊主だったのです。脚本はわたしが書くのですが、有志による「不生会」という会の活動として、三〇代には一所懸命活動していたのです。その際にモデルにしたのは、やはり文化センターやコミュニティーセンターとしてのお寺の機能でした。

もともとお寺には、過去帳と現在帳があって、江戸時代には檀家さんが旅行する際の手形も出していたわけですが、明治になると、現在帳を行政に提出し、それを元に戸籍が作られます。お寺は過去帳だけ守っていればいいということになった。やがて学制が発布されると寺子屋機能も失い、仰るように葬儀ばかりが残されたわけです。

しかし明治五年に学制が発布されて、信じられないスピードで日本の学校制度が機能したのは、再びお寺で開校した地域が多かったからです。

こうしたお寺の持つもともとの機能、学校、公民館、役場やホールといった機能を、私は復活させてみたかったわけです。幸か不幸か、その後、わたしは芥川賞をいただくことになり、残念ながら同じ活動を同じようには続けられなくなりました。

お寺ルネッサンス

一条　「セレモニーホールからコミュニティホールセンターへ」というスローガンは、ある意味で寺院の本来の機能を蘇えらせる「お寺ルネッサンス」でもありますよね。

そして、そこでは、グリーフケアという「癒やし」の機能を最重視します。

玄侑　セレモニーホールの寺院化、ですか……。

一条　けっして誤解していただきたくないのは、セレモニーホールが寺院に取って代わろうというのではありません。そんな不遜なことは一ミリも考えておりません。寺院には僧侶という宗教者がいるわけで、その「聖性」はセレモニーホールにはないものです。わたしは、セレモニーホールが寺院の機能をさまざまな点で補完し、仏教という世界でも優れたグリーフケア宗教の持続性に寄与したいと考えているのです。

玄侑　いや、べつに、わたしは「取って代わられる」心配などしていませんよ。元々われわれ僧侶の仕事は、山伏さんたちに手伝ってもらっていました。ところが神仏判然令につづき、明治五年に修験道廃止令が出されると、お寺と山伏さんの協力関係が崩れてしまう。その穴を埋めるように、必要に迫られて出現してくれたのが葬儀屋さん、葬祭業の方々だと思っています。だからいろんな協力関係、お互いにはみだしやダブリがあったっていいと思いますよ。要はコミュニケーションを密にとって、共にグリーフケアに勤しむ仲間として歩む、ということでしょう。古来、神と仏が習合したように、お寺と葬祭業が習合するのも面白いかもしれませんね。

実際、葬祭業の部分も併せて葬儀をしている寺もあります。

わたしが感じる仏教の最大の面白さは、必要に応じてゾロアスター教でもバラモン教でも、あるいはジャイナ教でもうまく取り込んだということです。お地蔵さんは元々ゾロアスター教の地母神だったようですし、阿修羅もゾロアスター教からコンバートした。大黒や弁天、毘沙門などはヒンドゥー教ですし、十一面観音など元々はバラモン教の神です。

こんな宗教、他にないんじゃないですか？

一条　本日は、現代の禅僧を代表する玄侑宗久先生のお話に心打たれました。

玄侑先生のお話を噛みしめて、これからの葬祭文化を考えていきたいと思います。

本当にありがとうございました。

あとがき　作家という冠婚葬祭業者

この『宗教と日本人』の対談シリーズも三冊目となった。前二冊のタイトルが『論語と冠婚葬祭』『古事記と冠婚葬祭』だったので、本当は『般若心経と冠婚葬祭』という書名を考えていたのだが、内容を俯瞰した結果、タイトルは『仏と冠婚葬祭』に落ち着いた。

儒教では大阪大学名誉教授で中国哲学者の加地伸行先生、神道では京都大学名誉教授で宗教哲学者の鎌田東二先生と対談させていただいた。お二人ともその道の第一人者であり、まことに学びの多い対談であった。

そして、ついには仏教対談である。ここは仏教学者ではなく、ぜひ、現役の僧侶である玄侑宗久先生をお迎えしたいと願っていた。

神道・儒教・仏教は日本人の「こころの三本柱」だとつねづね思っているが、そのなかでも最も実践性や応用性や臨床性が求められるのが仏教であり、日々、多くの檀家さんのお葬式に立ち会われ、また東日本大震災で被災した福島の復興にも積極的に取り組まれている玄侑先生ほど、現代日本における仏教の第一人者にふさわしい方はいないからである。

最初に玄侑先生の存在を知ったのは、今から二〇年前の二〇〇四年のこと。当時の玄侑先生は、現役の僧侶にして芥川賞作家という「時の人」で、マスコミにもよく登場されていた。玄侑先生が書かれた小説の多くは僧侶が主人公の仏教小説とでも呼ぶべきものだが、特に感銘を受けたのが『アミターバ　無量光明』だった。人が死んでから葬儀が行なわれるまでの様子を死者の側から描く前代未聞の作品である。この本を読めば、誰でも葬儀の必要性を痛感するだろう。

当時、仏教ブームが叫ばれる一方で、宗教心もなく宗教者としてのオーラもない僧侶が増えていると感じていた。玄侑先生のように仏教に心から誇りを持ちつつ、葬儀の本質を深く理解する僧侶は少数派のように思えた。

年下のわたしが言うのも不遜であるが、玄侑先生という方は、とても魅力的な方だ。

現代日本を代表する高徳の僧侶であり、芥川賞作家。わたしたち衆生にとっては雲の上におわすような存在なのに、非常に気さくである。また、お酒もお好きだし、冗談も言われる。何よりも、ほがらかで笑みを絶やされない。まさに、玄侑先生は「聖」と「俗」のあいだを自由自在に飛び回るチャーミングな超人という印象である。

本書『仏と冠婚葬祭』の「まえがき」に玄侑先生は「作家という僧侶」というタイトルを付けられており、そこで「一条真也さんも当初は作家として認識した方である」「冠婚葬祭業者としては佐久間庸和という本名を名乗り、多くの本を出しているが、どうも最近、この二つの名前の使い分けが判然としなくなってきた」「ご自身のなかでも二つの名前は融合しつつあるのではないだろうか」と小生について書いて下さっている。恐縮するばかりだが、確かに、一条真也と佐久間庸和は融合しつつある。というより、わたしのすべての活動が融合しているような感覚を抱いている。

これまで、サンレーという冠婚葬祭互助会を経営しながら、（玄侑先生の本ほど売れないにしても）一二〇冊を超える著書を上梓してきた。さらには大学の客員教授、財団の理事長を務め、チョイ役ながらもいくつかの映画にも出演させていただいている。他人からは「多才ですね」などと言われることもあるが、自分としては「ただ一つのことをしているだけ」という意識がある。

その一つとは「天下布礼」である。かつて織田信長は、「天下布武」を目指した。しかし、わたしは「天下布礼」をこころざす。「武」で天下をまとめるのではなく、「人間尊重」の思想で世の中を良くしたいのだ。天下、つまり社会に広く人間尊重思想を広めることが、わが社サンレーの使命（ミッション）である。冠婚葬祭を通じて良い人間関係づくりのお手伝いをさせていただくのも、大学で教壇に立つのも、本を書くのも、すべては「天下布礼」の一環であると考えている。

そんなことを考えながら生きているわたしにとって、玄侑宗久という方の生き方は憧れであり、学びそのものであった。今回、玄侑先生の胸をお借りして対談できたことは、わたし個人にとってだけではなく、冠婚葬祭業界ひいては仏教界の方々にも多くのヒントがあるのではないかと思っている。最後に、非常にご多忙の中、貴重な機会を与えていただいた玄侑宗久先生に心からの感謝を申し上げます。

一条真也

●著者プロフィール

玄侑宗久（げんゆう・そうきゅう）

1956年、福島県三春町生まれ。慶應義塾大学卒業。臨済宗福聚寺住職。京都花園大学仏教学科および新潟薬科大学応用生命科学部客員教授。

2001年、『中陰の花』で芥川賞を受賞。2007年、柳澤桂子氏との往復書簡「般若心経　いのちの対話」で文藝春秋読者賞、2009年、妙心寺派宗門文化章、2012年、仏教伝道文化賞、沼田奨励賞受賞、2014年、震災に見舞われた人びとの姿と心情を描いた『光の山』で藝術選奨文部科学大臣賞受賞。東日本大震災後は政府の復興構想委員や福島県の子ども若者のための「たまきはる福島基金」の理事長を務めた。

作品に『阿修羅』『アミターバ　無量光明』『桃太郎のユーウツ』『むすんでひらいて』『禅的生活365日～一日一字で活溌に生きる』『現代語訳　般若心経』『華厳という見方』ほか多数。

玄侑宗久公式サイト
https://genyu-sokyu.com/

一条真也（いちじょう・しんや）

1963年、福岡県生まれ。早稲田大学政経学部卒業。作家。

サンレーグループ代表。（株）サンレー代表取締役社長。一般財団法人　冠婚葬祭文化振興財団理事長、ＮＰＯ法人日本儀礼文化協会会長、九州国際大学客員教授などを務める。

2012年、第2回「孔子文化賞」を故稲盛和夫氏と同時受賞。

日本におけるグリーフケア研究および実践の第一人者である。上智大学グリーフケア研究所の客員教授を務め、全互協のグリーフケアＰＴ座長として資格認定制度を創設した。万巻の書を読み、博覧強記の「読書の達人」として知られる。

主な著書に、本名の『冠婚葬祭文化論』（産経新聞出版）をはじめ、『決定版　冠婚葬祭入門』『決定版　年中行事入門』（ともにＰＨＰ研究所）、『心ゆたかな社会』『心ゆたかな読書』『心ゆたかな映画』、対談シリーズ「宗教と日本人」では加地伸行と『論語と冠婚葬祭』、鎌田東二と『古事記と冠婚葬祭』（以上、現代書林）を刊行。

■一条真也オフィシャルサイト
https://heartful-moon.com/
■一条真也の読書館
http://www.ichijyo-bookreview.com/
■一条真也の映画館
http://ichijyo-cinema.com/

仏《ほとけ》と冠婚葬祭《かんこんそうさい》

2025年4月16日　初版1刷
著　　者　玄侑宗久
　　　　　一条真也
発 行 者　松島一樹
発 行 所　現代書林
　　　　　〒162-0053　東京都新宿区原町3-61　桂ビル
　　　　　TEL／代表　03（3205）8384
　　　　　http://www.gendaishorin.co.jp/
デザイン　神長文夫＋松岡昌代
本文DTP　渡邉志保
編集協力　㈱アルファーテクノ
印刷・製本　株式会社ルナテック

ISBN978-4-7745-2043-8　C0095

好評既刊本

神道と日本人

古事記と冠婚葬祭

鎌田東二×一条真也

希代の神道学者と儀式の第一人者が日本人のＤＮＡに刻まれた儀式の心を探る。神話に込められた日本人の心、儀式として受け継がれて来た神道の姿がここに明らかになる。「魂の義兄弟」と呼び合う二人の奇跡の対談。

定価１３２０円（税込み）